我本不曉得禱告

學習祈禱之旅

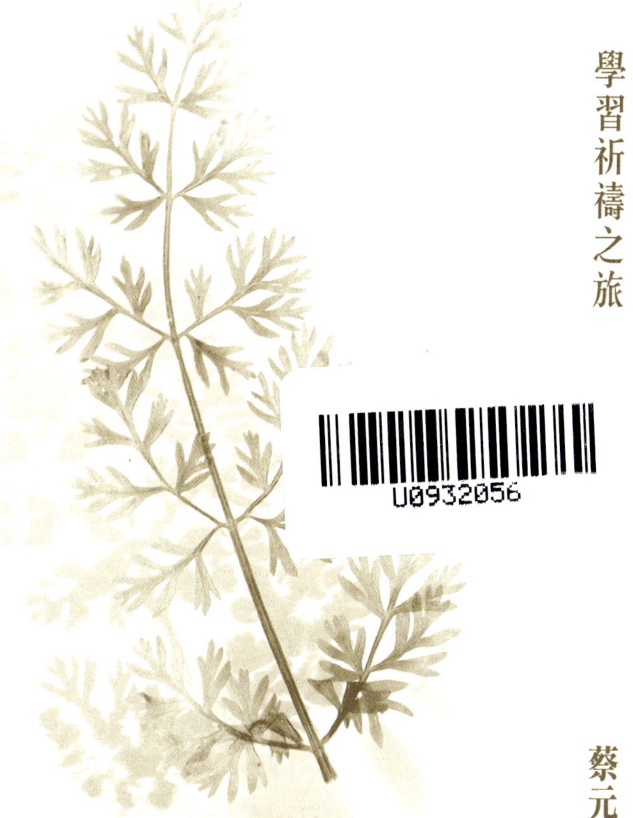

蔡元雲 著

我本不曉得禱告——學習祈禱之旅
作者／蔡元雲
策劃編輯／伍詠慈
美術設計／陳詩韻
出版發行／突破出版社
香港沙田亞公角山路 33 號突破青年村
電話：2632 0000　傳真：2632 0388
電郵：breakthrough@breakthrough.org.hk
網址：http://www.breakthrough.org.hk
http://www.btproduct.com
承印／陽光（彩美）印刷有限公司
2018 年 10 月初版 1 刷
2019 年 4 月初版 2 刷

I Know Not How to Pray: My Prayer's Journey
by Dr. Philemon Choi
First Printing, First Edition, October 2018
Second Printing, First Edition, April 2019

Printed in Hong Kong
ISBN 978-988-8392-89-6

誠邀閣下就突破出版社的書籍發表意見
歡迎加入突破書籍 Facebook page — http://www.facebook.com/btbooks.page
本書採用環保油墨印刷

心 靈 地 圖

關懷、連繫、復和、

溝通、對話……

凝視心之脈動，

直到重新尋獲自己的心。

目錄

自序：
我本不曉得怎樣禱告——學習祈禱之旅

過去幾個月，不斷反思一段《聖經》，是使徒保羅寫給帖撒羅尼迦教會的第一封信，他在信的結尾這樣勸勉：「常要追求良善。要常常喜樂，不住的禱告，凡事謝恩；因為這是神在基督耶穌裏向你們所定的旨意」(帖前 5：15-18)。

我自然聯想到多年來在「突破」服侍青少年期間，同工們經常彼此互勉的一段經文：「世人哪，耶和華已指示你何為善。祂向你所要的是什麼呢？只要你行公義，好憐憫，存謙卑的心，與你的神同行」(彌 6：8)。

要按神的心意在這個變幻莫測，嚴重撕裂的世界中「追求良善」，一定要「存謙卑的心，與我的神同行」——才會經歷「常常喜樂」，這是聖靈所結的果；更要學習「不住的禱告」，這是一生學不完的功課；並且在諸般試煉中「凡事謝恩」，在生命旅程中，或順或逆都是靠神的恩典渡過。

我是一個不曉得怎樣禱告的人，卻深知道要藉着禱告才能夠與三一神保持不間斷的相交，能體會每一刻都與神同行——得以在黑暗的世界中得見神的光，看見祂的作為與榮耀。

於是心中開始孕育一個意念：把自己信主以來，學習祈禱的旅程記下來。我並不是要寫一部自傳，而是要追述自 1962 年信主以來，五十六年間經歷數不盡的神恩，深深自覺不配，而貫穿這些年間的一個重要的功課，是學習如何禱告。

我不能學習禱告

對我來説，學習禱告是一條陌生而崎嶇的路，我的性情和生活方式需要不少逆轉，才能逐步踏上這段學習禱告之旅。

首先，這是一個信心的跳躍。我是一個自信不足的人，因為三歲便就讀小學一年級，面對比我年長幾歲的同學，常自覺不如人。即使不少老師及導師都鼓勵同學增強自信，然而，從自信再轉向信神是一個跨步的跳躍。加上我面對權威人物時，心態是恐懼多於信任，我覺得很難捉摸他們在想什麼；而且父親及後來遇上的一些老師和校長，給我的印象都是嚴厲的，不易親近的。禱告需要從自信，轉向靠聖靈能力，去相信一位看不見而滿有權威的神，於我實是為難。

另一個掙扎是「自力」與「他力」的結合。我自小是要「自力更新」，不要隨便倚靠「他力」。禱告是相信我們生命的力量是從神而來，不能只靠自己的力量達至生命更新的境界。

我是一個行動型的人，連課餘活動也是選擇動態的：踢毽子、游泳、籃球、乒乓球等。禱告需要安靜，以另一種形式與神相交。

我是一個比較急躁，對人的回應快，不曉得細心聆聽的人。我愛聽流行音樂，也喜歡看電影——讓影和音淹沒了安靜，更從來沒有人教我要聆聽內心的聲音。禱告不是自我中心地向神提出要求；而是聆聽內心，辨別哪些是從神來的「聲音」。

基於種種原因，我發覺自己在學習禱告方面進展相當緩慢，而且學習禱告的動力往往相當疲弱。

禱告之旅學習之旅

花了不少時間將這些年間與神同行的一些重要事件扼要地記錄下來，其中最重要的功課是學習如何禱告，並看到神的恩典在我的軟弱上彰顯出來。

這個「學習祈禱之旅」可以分為九個階段：

第一程：**啟行，童心的祈求**（1962-1964）

第二程：**尋路，少年的迷與尋**（1964-1971）

第三程：**回家，青年尋夢的探索**（1971-1976）

第四程：**不歸路，考驗的掙扎**（1976-1982）

第五程：**尋根，遇上中年危機**（1982-1997）

第六程：**回歸，迷惘中神創路**（1997-2008）

第七程：**擁抱苦難，與主同行十架路**（2008-2013）

第八程：**流淚谷，愛中不獨行**（2013-2015）

第九程：**直到地極，靜觀神的作為**（2005-2018）

在書中，每個階段的事件只作扼要的略述，作為學習祈禱旅程的時空背景。焦點放在每個階段對禱告的領悟，亦會摘錄期間一些禱文；同時會將從一些生命導師或與禱告相關的書籍中所學習到的稍作整理。這些反思的資料都放在「附錄」，讓有興趣進一步參考的讀者選擇性閱讀。

謝謝你閱讀這本書，我坦誠地向你分享：我今天仍不覺得自己曉得怎樣禱告。我得承認自己在「禱告學校」中，仍處於初階，要學習的實在太多。我願意聆聽你在學習禱告中的領悟，請你不要吝惜與我分享；我願意聆聽，並作出回應。

上帝，禱告的導師

畢德生牧師（Rev. Eugene Peterson）的著作，啟迪我學習如何禱告。他在《天啟的雷聲——畢德生陪你讀啟示錄》(*Reversed Thunder: The Revelation of John & the Praying Imagination*) 中如此描述禱告：「〈啟示錄〉（整本《聖經》亦然）從始至終，神總是採取主動。神説話，神指示，神命令，神祝福。神説話時，必定有人看見和聆聽。換句話説，必然有位禱告者。〈啟示錄〉融合了異象與禱告。第七印揭開時，天上靜默了大約半小時；神在傾聽。」(註一)

神是創造者、救贖者、祂是萬有的主宰，是這被造的世界及世事的啟動者；祂藉着先知和使徒將祂的説話與行動記錄下來，因此馬欽芮（Robert Murray M'Cheyne）曾如此勸勉一位青年信徒：「用《聖經》禱告。」(註二)

神的應許，讓不曉得怎樣禱告的人得到安慰。

主耶穌曾經教門徒禱告，「主禱文」是學習禱告最重要的一課；主耶穌在教導「主禱文」前，曾如此説：「你們不可效法他們。因為你們沒有祈求以先，你們所需用的，你們的父早已知道了」（太6：8）。

「凡靠着祂（主耶穌）進到神面前的人，祂都能拯救到底；因為祂是長遠活着，替他們祈求」（來 7：25）。

「況且，我們的軟弱有聖靈幫助；我們本不曉得當怎樣禱告，只是聖靈親自用說不出來的歎息替我們禱告」（羅 8：26）。

三一神不單教我們如何禱告，祂更不住的為我們禱告。

註一：畢德生（Rev. Eugene Peterson）：《天啟的雷聲 —— 畢德生陪你讀啟示錄》（*Reversed Thunder: The Revelation of John & the Praying Imagination*），屈貝琴、黃淑惠譯（台北：校園書房，2017），112、118。

註二：畢德生：《天啟的雷聲》，126。

禱告：認識神

第一程：啟行，童心的祈求（1962-1964）

沒有聲音，我的眼淚掉下來了，
我不曉得禱告，只是說：
「主耶穌，赦免我！」

回顧如何開始學習祈禱之旅，真是神先啟動，我在不自覺中啟行。

童年時父母都未認識基督，他們只是按家庭傳統，進行華人民間宗教的儀式——祭祖，每天按時向「神位」上香，因為我是長子嫡孫，從少年時期便開始承擔上香的責任。

後來我發現父母雙方的先人可能曾接觸基督教，不過也沒有方法證實了。

小學五年級下學期，母親把我從私立小學轉到一間基督教小學，在這裏上《聖經》課，會接觸一些「公禱文」，只是心中沒有感覺。當時印象最深刻的，是領受過好幾位老師對我的關愛：有老師發現我偷了幾本圖書回家，卻給我改過的機會。她的一句「蔡元雲，我相信你以後不會再作這種事了！」銘刻在我心中；英文老師請她的姪女為我補習英文；還有音樂老師對學生充滿慈愛，她教導我們唱詩歌，我也留下深刻印象。

小學會考後，雖然獲一所頗有名氣的官立英文中學取錄，但我在中學期間卻相當懶散，因為沒有想清楚讀書，以至做人的目標。父母完全沒有給我壓力，我每年能夠升班，他們已經很滿意，亦從未督促我用功讀書。

中學期間，我參加小學附屬教會主辦的青年團契，在那裏聽講道，也得到導師的指引，參與團契唱詩及誦讀禱文，只是心中對信仰始終未有感動。

意想不到，中五會考畢業後，我升上中六和中七的大學預備班，在校遇上一位從一所基督教中學轉學來的同學。只記得這位新來的基督徒同學讀書態度認真，真摯關心身邊的同學包括我。他多次邀請我到他家中一同作生物科的解剖實驗，解剖蟑螂、青蛙、各類花朵等。還送我一些信仰的書籍：《科學的證據》、《聖經是神所默示的嗎》等。我相信是神藉着他啟動了我信仰的旅程。

我們常有宗教辯論，我亦應邀參加一些基督教聚會，結果在一次「中學生佈道會」，我開聲作出人生第一個禱告。

那是 1962 年 12 月一個晚上，佈道會的講員是滕近輝牧師，他後來成為我的牧師和恩師。他當晚用〈約翰壹書〉第 4 章講述神的愛。他說閱讀《聖經》好像照鏡，《聖經》會讓我們看見心中的罪孽。最記得其中一句：「不是我們愛神，乃是神愛我們，差祂的兒子，為我們的罪作了挽回祭，這就是愛了」(約壹 4：10)。

耶穌釘十架的故事聽過很多次了，但不知怎地當天晚上，就覺得心中有種難以形容的感動 —— 我回應講員邀請，走到台前表示願意接受神的愛。聚會之後，有一位陪談員為我禱告；我並沒有開聲禱告，只是默默表示願意相信基督。

我真正第一次的禱告是那天晚上回到家裏，爬上睡房內雙層牀的上層；睡覺前，內心有種催逼要禱告。

我跪在牀上，頭頂差不多觸及天花版，閉上眼睛——在腦海出現的竟是一幕一幕我以為已經忘記的情景：小學四年級與鄰居的同學打架，那男孩的母親向校長投訴，我遭體罰，更要隨校長上課，站在課室門口「示眾」；另一幕是小學五年級偷書被揭發，班主任給我改過機會……

我自問是一個相當理性的人，對感情並不敏鋭，這和家中的環境有關：父母都不慣表達情感，也不鼓勵我們流露情感。我當時已經中學畢業，預備考大學入學試、叩醫學院的門——那天晚上，我作出了一個孩子一般的禱告：

「主耶穌，赦免我。」

正如主耶穌多次勸勉他的門徒：「要回轉像小孩子！」

我相信當晚是聖靈的感動，我踏出祈禱之旅的第一步。

主呀，願我的朋友都可以認識你。

我真的改變了，是兩位和我同校，最要好的朋友發現的。他們比我低兩級，因為我很年幼就上學（三歲已進小學一年級），總是班上年紀最小的一個；我反而喜歡與那兩位低班的同學一起吃午飯，小息踢毽、打籃球等。

信主後隔天，中午與他們一起午膳，我不自覺就低頭作了一個簡短的謝飯祈禱。我張開眼睛，發現他們二人盯着我，問道：「你在做什麼？」

我只是說：「我信了耶穌。」也不知怎樣再解釋，他們沒有再追問，想是他們都知道我一直是個沒有信仰的人。

我開始為這兩位好朋友禱告，求神感動他們信主，我不知如何向他們交代自己的信仰經歷。奇妙的是，他們後來相繼信主；多年之後仍是我的好朋友，其中一位後來更成為我在「突破」的同工。

《聖經》教導：「當信主耶穌，你和你一家都必得救」（徒 16：31）。我開始向天父禱告，求神感動我的家人，讓他們接受基督。

天父啊，祢曾應許：

「當信主耶穌，你和你一家都必得救。」

我求祢救我和我的全家。

奉主耶穌的名求。

我信主後，認定不應再上香了，好像在敬拜別神。我母親向來對兒女寬鬆，沒有勉強我，將上香的責任自己承擔，父親卻堅持我要向「蔡門歷代宗親」上香。他要求我承諾，將來他離世後，仍然不能忘記先祖。最後，我問他能否以鮮花代替上香，表達我仍是敬祖，而不是祭祖，免得我開罪我信的神。父親終於答應了。

父母對我接受洗禮亦不贊同，結果我違背了他們的意願接受了洗禮。我從未想過信仰問題會引發我和父母的衝突，心中十分難過。

不過，我還是感恩。我的弟妹，後來連他們的子女都先後信主，母親也接受了基督。只是父親一直堅持自己的信仰觀點，再加上我後來棄醫改當青年工作者，更令他對我的信仰反感。

後來，我信主三十年後，他竟然在我主講的一次佈道會上決志信主——難忘那一天在紅磡體育館，在約一萬人面前我為他禱告；神垂聽了我和家人不住為他的禱告（這故事我在另一本書中記錄下來：《從未遇上的父親》）。

神願意聆聽最簡單的禱告。

天父啊，我沒有忘記，

我第一次流淚禱告中認罪，

我確信主耶穌已赦免我的罪過，

我心中有平安。

今天，我遇的是大學入學試挫敗、

失望、慚愧的眼淚，

我不讓同學和家人看見我的眼淚，

我自問已經盡力預備才進入試場，

也曾求祢讓我成功進入醫學院。

為什麼？

祢好像沒有回應我的祈求。

我不明白 ?!

然而，在初信期間，我也遇過一些信心受挫的經歷。信主之後，我自覺應該認真讀書。中七那年，我比過去任何一年更勤奮溫習，努力向醫學院進發。我當時認為當醫生是一個可以服事神、祝福人的職業，我亦為這個目標獻上禱告，求主幫助。

可是事與願違，放榜那天到香港大學查看我入學試的成績，看到的是我成績不足進入醫學院。當時，我強忍眼淚，急急離開，避開所有同學，亦不願回學校與老師商討前路。

神好像沒有回應我的禱告，成全我心中的意願。有一段時間我情緒低落、自信受挫，對前面要走的路感到迷惘。

我考大學失意後的情緒低落被母親察覺。

有一個晚上，在家中的廳房聽見母親和父親對話（我並非偷聽，只是房子太小，隔音也差）。母親要求父親支持我到外國讀書，完成進大學及醫學院的心願；她感覺到我的失意，並說對我有信心。父親最後願意用他的積蓄支持我到海外讀書；但表明以後讀上去要靠自己努力，要以半工讀來完成大學。

我聽後心中萬分感動，原來他們如此愛我，並且願意付出最大的努力支援我，對我投下信心的一票。

當晚我也不知如何禱告，只是將父母恩情銘記於心，決意悉力以赴，免讓他們再度失望。

想不到，他們這個愛心的決定，改寫了我人生路及信仰之旅的方向。只有感恩！

現在回想，我那時根本未明白什麼是尋求神的心意，而且未領會到祈禱並不是單單祈求自己的願望成全。後來回顧，才明白原來神的意念始終是高過自己的意念。到底我真的未明白什麼是禱告。

禱告，我怕……

回顧學習禱告的第一程，我踏出信心的一步，開聲禱告並且求神拯救我和我的家。但我仍不敢公開禱告，就像那次我初信後與兩個同學好友午膳，我也只是低頭默禱謝飯，甚至沒有勇氣向他們分享我信主的經歷。我信主後，發現父母相當不悅，因此從沒有在家人面前禱告，只是暗地裏獨自默禱。

我信主後參加教會崇拜及青年團契，不過從來不敢在眾人面前開聲禱告；因為我不知怎樣禱告，加上我的個性內向，怕人家對我的評語。直至踏進第二程，遇上一羣為主而活，而且經常在聚會或小組中禱告的基督徒，才讓我學習禱告之旅向前跨出一步。

禱告是：得着恩師引導

在學習祈禱的第一程上，有兩位啟發我的人。

我要感謝帶領我信主的同學。在我信主後，他親自帶我學習讀經禱告。我還記得他和我選讀〈出埃及記〉，解釋以色列人在摩西帶領下離開埃及為奴之地，經歷四十年曠野的道路，以色列人有過不少反叛時刻，最終得以進入迦南應許之地；這過程像我們信主，跟隨基督走人生的路，期間會遭遇不少考驗和試探。他勸勉我，跟隨基督一定要勤讀《聖經》，謙卑學習禱告，才能活出神賜的新生命。

他還送我一本書 *Search the Scriptures*，幫助我以《聖經》作為信仰的根基，並且啟動了學習禱告的旅程。

當年我的理解十分簡單，神藉着《聖經》對我説話；祈禱是我向神説話 —— 表達我的回應敬拜、感謝和祈求。

另一位對我的禱告學習有啟發的是滕近輝牧師。我信主後參加他牧養的教會崇拜，並接受洗禮。滕牧師的釋經講道教我尊重《聖經》的教導；我又發現滕牧師十分注重禱告，後來我讀他翻譯邦茲（E.M. Bounds）的《祈禱出來的能力》（*Power Through Prayer*），使我對禱告有新的領悟 —— 原來我們活出基督生命的力量源頭來自禱告，祈禱讓我們親身經歷聖靈的能力。滕牧師亦分享他翻譯這本書時，被聖靈充滿的經歷（見附錄：第一程，第 241 頁）。

回顧這些經歷時心中溫暖，神並沒有輕看當年我以童心獻上的禱告。

徐理強是我五十六年的摯友，他在 1961 年從另一間中學轉到我就讀的中學。在兩年同班的每天接觸中，他的見證及傳福音的熱誠和真誠的關懷，引領我認真尋求信仰。我在 1962 年底信主，他是第一位個別教導我讀經和禱告的主裏肢體。到今天我們仍然保持聯繫，亦有同心事奉的機會。第一幅照片是我和徐理強夫婦合影近照。

我決志信主當晚是滕近輝牧師主講佈道會；後來我到宣道會北角堂參加崇拜和團契，為我主持浸禮的是時任宣道會北角堂的主任牧師滕牧師。

滕牧師是位敬虔禱告的牧者，也是我的生命導師之 ，從 1962 年直至他退休都伴我前行，滕牧師在 2013 年安息主懷，他的生命至今仍向我說話。

禱告：聆聽神

第二程：尋路，少年的迷與尋（1964-1971）

我默默地禱告：

天父啊，祢真的愛我，

我捨不得每個愛我的家人和朋友。

我又害怕到那陌生的城市，

求祢幫助我努力讀書，

盡力回報父母培育我的恩情。

奉主耶穌的名求。

難忘 1964 年，我懷着複雜的心情告別家人及一些相熟的朋友，踏上 President Cleveland 郵輪，揮手告別親友及我成長之地 —— 香港，前往加拿大溫尼辟（Winnipeg），追尋一個曾經因考試失落而破碎的夢（當年坐輪船去美國再轉乘火車到溫尼辟，主要是為了省錢及多帶一些行李）。

我的心情複雜 —— 有一種迎向新開始的興奮，卻又未忘記挫敗的傷感，還夾雜與親友離別的難捨之情。在船上我禱告，求神助我面對充滿未知數的明天，及為父母、弟妹和朋友獻上感恩的禱告。

當郵輪緩緩離開碼頭，我緊抓着與家人結連那條長長的紙帶斷了，我的眼淚也奪眶而出。

因為每年暑假都要找工作維持求學所需費用，實在付不起回港的旅費，沒想到一別七年，沒有回過香港。

親愛的主，

我從沒有想像過會到冰天雪地的

Winnipeg唸書。

想不到，

我卻遇上一羣不單認真讀書，

也全力關心新同學，

並且以愛心支援我的基督徒。

他們讓我明白大學團契團歌的意義：

"Living for Jesus"。

我願意學習做一個

真心為主而活的基督徒。

我真心感謝祢！

第一個震撼我心靈的是大學的「溫城華人基督徒團契」，成員來自世界不同地方的大學生，包括香港、台灣、新加坡、馬來西亞和印尼（當年沒有來自國內的學生）。團契每週聚會人數竟然有數十人，最高峰期有近一百人，而且每週都有小組祈禱會。

團契每週都唱「團歌」："Living for Jesus"，這首詩歌成為了我最喜愛的詩歌之一，也是我人生的指標，更常在我的禱告中出現。

"Living For Jesus"

(Thomas O. Chisholm)

Living for Jesus, a life that is true,
Striving to please Him in all that I do;
Yielding allegiance, glad-hearted and free,
This is the pathway of blessing for me.

Living for Jesus Who died in my place,
Bearing on Calv'ry my sin and disgrace;
Such love constrains me to answer His call,
Follow His leading and give Him my all.

Living for Jesus, wherever I am,
Doing each duty in His holy Name;
Willing to suffer affliction and loss,
Deeming each trial a part of my cross.

Living for Jesus through earth's little while,
My dearest treasure, the light of His smile;
Seeking the lost ones He died to redeem,
Bringing the weary to find rest in Him.

Refrain:
O Jesus, Lord and Savior, I give myself to Thee,
For Thou, in Thy atonement, didst give Thyself for me;
I own no other Master, my heart shall be Thy throne;
My life I give, henceforth to live, O Christ, for Thee alone.

感動我的是在這裏我遇上一羣立志為主而活的基督徒，包括已畢業的醫生，還有不少醫學生及不同學系的同學，有部分在修讀學士，也有進修碩士或博士的研究生。他們不單是口唱，而是在學業、信仰生活、日常生活上都學習活像基督。

令我驚訝的是這羣大學生很關心校園內來自世界各地的華人留學生，關心、接待、與他們結為朋友，並且恆常為他們禱告。

更叫我不解的，是這羣留學生竟然結合力量，出版期刊《泉源》，並寄到北美各個校園的大學團契或該城的華人教會。出版期刊的目的是分享校園生活中的真實體驗，及信仰對生命的意義。

有份參與出版的同學，每兩週都會為這期刊的出版及讀者禱告，不少讀者會寫信給《泉源》的編輯，他們會逐一回信，並且為讀者禱告。出版雜誌需要人手及財政支援，作為學生，他們只能禱告，深信天父是供應者。

到了 1965 年，團契部分團友更籌備成立一間新的華人教會：「溫城華人宣道會」。籌備過程中，參與教會事奉的信徒每週都舉行禱告聚會，至於帶領建立教會的牧師和師母，也同樣是恆切禱告的人。

我信主以後，算是一個有時間紀律的人，考進醫學院後，花上相當多時間溫習功課。每個星期除了應付繁重的學業，還要參與多個基督徒羣體的聚會，其中一個重要的聚會是羣體的禱告。我又和一位同班的基督徒相約定期同心禱告，先是為學業，後來亦為等候自己未來配偶這件人生大事彼此代求。回顧時我也自覺希奇：我絕少缺席那些祈禱聚會，只是睡眠時間縮短了。

神預備一生同行的禱伴

大學團契的教導，十分注重獻身為主而活，也強調婚姻的重要：等候一個在基督裏願意一生一世彼此委身、同心同行事主愛人的伴侶。

在團契中，我們彼此代禱，也互相守望；我與醫學院的同學定期為婚姻伴侶彼此代禱。在禱告中，浮現了四個尋求婚姻伴侶的指標：Four Loves —— 愛神、愛我、愛中國、愛我家人。這和我預備奉獻自己，並且回歸香港和中國事奉主有關；而且當時我的父母仍未信主，我期望另一半能夠和我同心愛雙方的家人，活出基督的生命見證。

神垂聽禱告，我在大學團契遇上一位懷着 Four Loves 的姊妹：廖水玉（Ellen）。1970 年在牧者和主裏肢體的見證下，我們踏上紅地毯，在聖壇前許下盟約：一生一世同心同行，為主而活。

神啊，讓我學習聆聽祢的聲音。

我自覺是一個不曉得禱告的人，在祈禱會中，我發現其他信徒（不少是比我成熟、信主年日較長的）在禱告中流露他們的純真、誠實、簡單的信心，及對神對人真摯的愛心。在團契或小組禱告中，他們常提名為新同學禱告並且用愛心接待這些新同學。原來禱告與愛人的心是分不開的。這些禱告的人不斷挑旺我學習禱告的心。

我發現他們的禱告很單純、直接，其中一位姊妹的祈禱就像是向爸爸傾訴一般。我感覺和父親的關係疏離，很想學她那種真情流露的禱告。

在學習禱告的過程中有一個難忘的片段，是那位醫學院中的禱告夥伴。他後來成為我一生的摯友，直到今天仍是經常保持聯繫，我們兩家三代都成為朋友。這位個性直率的弟兄，成為我學習禱告的夥伴。從他身上，我體會到，原來對神要開放，對身邊的朋友也應該用愛心說誠實話。

大家認識約兩年後，有一天，他很認真地對我說：「我想送你一段經文：『要快快的聽，慢慢的說，慢慢的動怒』。」

我聽到後，心中十分不悅，立刻回應：「這麼多經文，為什麼要送這句給我？」我回應後，心裏立刻明白：我正在快快的說、快快的動怒！

這段經文不單是勸勉我們不要隨便向人動怒，聆聽對方的説話，更要緊是學習聆聽神的聲音——是《聖經》的言語及聖靈的微聲，禱告原來是聆聽的學習。

這正是我其中一個弱點，後來我和另一位在醫學院比我高班的基督徒，同住一所鄰近醫學院的私人房子，成為鄰舍。他來自新加坡，是一個自律、反應慢的人，他也姓蔡；我後來對他説：「我是『急蔡』；你是『慢蔡』。」我努力向他學習，後來成為主裏的一生摯友。

神藉着不同的信徒，讓我學習羣體的禱告，在禱告中學習聆聽神的聲音。

神啊！

求祢賜我異象，

我願意一生為基督而活。

每個人的生活方式都在成長時，受家人的影響、朋友的感染及自己個人的喜惡，不自覺中成形。

我本來沒有清晰的人生目標，對人生意義尋求也是剛剛醒悟，而且個性相當自我。在 1964 至 1971 年那七年，神逐步改變我的生活方式，多次難忘的時刻，都是與神相遇的經歷。

1964 年聖誕假期間，我第一次參加在 Regina 舉行的「加西華人基督徒冬令會」，大部分參加者是加拿大西部的華人大學生。

我記得大會期間一個晚上，講員主講的主題是「沒有異象，民就放肆」，勸勉基督徒按着神的啟示和默示，將生命奉獻給神，按着祂的指引，確認自己的人生方向和目標，一生為主而活。當天晚上，我深信是被《聖經》及聖靈感動，我應講員邀請，戰戰兢兢地走到講台前，獻上一個簡單的禱告：願意獻上生命，一生為基督而活，正是團契主題曲的呼喚：Living for Jesus。

我願意在畢業後，按着神的帶領，
回到香港及中國內地，
成為基督的見證。

我願隨主引領

1965 年暑假，我在多倫多（Toronto）一個高爾夫球場找到暑期工，當球場的雜工。在暑假結束前，我遇上交通意外，要到醫院縫針，也因此提早結束暑期工作，參加了在 Camp Iowa 舉行的夏令營。

不能忘記的是兩位外籍講員在夏令營中的分享：Rev. David Adeney 及 Rev. Stephen Knight。他們以標準的普通話分享他們在中國內地的事奉，並述説神在中國多年來的奇妙恩典與作為。

我成長於香港，就讀一間英國人主辦的官立英文中學，從來沒有自覺自己是中國人。在營會中我醒覺自己真的是中國人，我找到營地一個憩靜小湖的旁邊，獨自向神獻上禱告：我願意在畢業後，按着神的帶領，回到香港及中國內地，成為基督的見證。求神讓我認識中國的歷史，並從中觀看神的作為，我希望學好普通話，在香港和中國內地，成為基督的見證。

現今回看，原來神在聆聽我當天默默的禱告。

踏出事奉的一步

當年，我雖然有感動回香港及中國服事主；然而，中國正經歷「文化大革命」，我們在海外留學，對中國的情況只覺撲朔迷離，無從揣測。在那些年間，北美的校園興起了為中國禱告的小組行動，各小組沒有組織，卻彼此聯絡及鼓勵，多個校園成立了 Pray for China Fellowship 的祈禱小組。

我當時在溫尼辟與一些基督徒組成小組，恆常為中國禱告，這些祈禱更加強了我回中國事奉主的心願。多年之後，神果然開路讓我有機會在香港九七回歸後，在國內參與一些校園的培訓工作（請參考第七程和第九程）。

當我默然獻身為主而活，生活方式就在逐步改變：讀書更認真，並且活得有目標、有動力，成績明顯比中學時進步了。另一方面，我開始學習事奉主：在團契當職員、在教會中也嘗試教主日學，更認真查考《聖經》，雖然在學習中常有錯失，但幸得團友包容。

意想不到的是，一位在教會和冬令會當講員翻譯的醫學院師兄竟然約我談話，並且邀請我為牧師講道擔任翻譯。我大吃一驚，回應：「我從來沒有試過替人翻譯，更沒有站上講台的勇氣！」這位師兄，也是我的恩師之一，大力説服我一試，並説願意與牧師一起幫助我。

我戰競地嘗試，牧師每次都先將講章大綱給我；我認真地準備，並且懇切禱告：求主加我力量！

原來事奉主是基督門徒生活的一部分：信心、愛心，還要加上行動，事奉的能力源於聖靈，只有學習謙卑禱告。隨後幾年，我有機會在團契、教會和冬令會為講員翻譯，經歷與神同工的喜悦。有一次我向指導我翻譯的恩師請教：「為什麼我每次上講台之前，內心依然有 fear？」我不會忘記他的回答：「Keep that fear！」這是一種敬畏神的 fear，事奉不能倚靠自己的才幹，要學習在禱告中支取從聖靈而來的能力。

還有一項從沒想過的事奉：當年王永信牧師是《中信》的總幹事，他鼓勵各大學團契組職「福音隊」，暑期到各城市的大學團契或教會交流、作見證，並找機會分享福音信息。團契的師兄邀請我參加，我亦想嘗試，之後幾年的暑期我一直都參加這些「福音旅程」(Gospel Trips)。

為了這些「福音旅程」，每個暑期我們都要充分裝備：細心策劃行程，聯絡各城市的大學團契與教會；預備講見證及一些分享福音的信息，更重要的還是禱告。

禱告是：找着同行的羣體

在溫尼辟的七年，神改寫了我生命的主權和方向。

回顧那七年，神為我奠下了跟隨基督及學習禱告的重要根基，在禱告的學習，我總結了兩個領悟的要點：

首先是祈禱的旅程需要一個屬基督的羣體結伴同行；其次是禱告不單是藉着言語與神溝通，祈禱更是一種生活方式——在為基督而活的生活中，各個環節都是敬拜與禱告。

在團契、教會、冬令會和「福音旅程」的事奉，我看見如同雲彩般環繞着自己的見證人。在大學團契中為主而活的同學，在教會中忠心事主的牧者，還有當代華人教會中懷着普世視野和異象的牧者們：滕近輝牧師、王永信牧師、趙君影牧師、周主培牧師、焦源濂牧師、Rev. David Adeney、Rev. Stephen Knight 和 Dr. James Taylor 等。

他們都是對神的國度和使命有承擔的人：在他們的講道和事奉中，我開始明白什麼是異象、呼召、委身、聖潔生活，及不忘華人世界的諸般需要。在他們的信息和生命中，最重要的還是他們與三一神的關係，對《聖經》與禱告的尊重和實踐。

當年在溫尼辟同行過的基督徒，五十年來都保持聯繫，經常重聚——其中多位都一起回到香港事奉主。這羣同伴有牧師、宣教士、大學教師、老師、醫生、工程師、神學院教師、青少年工作者等——共同點是 Living for Jesus！

那七年，是我學習禱告的重要一程，特別是羣體的禱告，和讓禱告成為生活的方式（參閱附錄：第二程，第 243 頁，《雁過紅河》）。(註一)

註一：我成為一個尋夢的人也是在那些年間，被不同的生命感染；其中一位是 Martin Luther King（見附錄：第二程，第 243 頁，*I have a Dream*）。另外兩首影響我禱告和敬拜生活的詩歌分別是 "Living for Jesus"（見第 35 頁）和 "Be Thou My Vision"（見附錄第 247 頁）。

後來，我和同學們合寫了一部生命見證，結集成書：《雁過紅河》（溫尼辟的一條主要河流叫 Red River）。這本書詳細概括那七年中，神如何聆聽一羣留學生的禱告，並且親自指引他們在世界各地、不同崗位活出跟隨基督的生命！

1964 至 77 年我到加拿大溫尼辟讀大學，我當時立志獻身「為主而活」。在「溫城華人基督徒團契」中，我被一個誠心禱告的羣體深深觸動，啟動了個人和羣體禱告的操練。溫城華人宣道會是我接受牧養、學習事奉的教會，到今天仍然保持定期的連繫。1970 年我在這個教會中與 Ellen 進入婚姻的盟約，同心服侍基督四十三年。

1985 年與何皓光醫生及王永信牧師（中）在加拿大華人宣道大會合照。何皓光醫生在大學年代一直待我如親兄弟，並引導我學習事奉和在講台上翻譯，到今天仍是看守我的弟兄。王永信牧師則在傳福音、學生工作及差傳事工等領域開拓我的視野與胸懷。他在 2018 年安息主懷，是我不能忘記的恩師。

禱告：信靠神

第三程：回家，青年尋夢的探索（1971-1976）

天父啊，

我和太太帶着才幾個月大的兒子

順服祢的感動，

回到香港的醫院當全職醫生，

心中有喜悅，也有戰兢。

求祢幫助我做一個盡職責的醫生，

並學習向病人見證基督的愛。

我相信祢會指引我的前路。

從尋夢探索中發現「召命」

我相信等候神的過程中，神會賜「異象」與「異夢」。彼得在五旬節聖靈降臨那一天宣告：「神說：在末後的日子，我要將我的靈澆灌凡有血氣的。你們的兒女要說預言；你們的少年人要見異象；老年人要做異夢」（徒 2：17）。

雖然到今天還未完全明白這個重要的宣告，我卻深信青少年應該勇於尋夢，並學習在禱告中等候神賜「異象」和「異夢」。我後來發現這過程需要單獨等候加上羣體的等候，免得誤會只是自己個人的感動。我常提醒自己：「要分辨個人衝動與聖靈感動的分別。」聖靈的感動不會違背《聖經》的教導，而且聖靈指引的行動一定是為榮耀神的！

這一程雖是「尋夢的探索」，事實上焦點仍是「祈禱的操練」。

決定回家？

雖然在加拿大溫尼辟渡過奠定我生命根基的七年；然而，我心底裏仍然認定香港是我的家，至於我出生地昆明及幼年居住過的寧波和上海，則沒有深刻印象。

1971 年我從醫學院畢業，完成一年的見習醫生，還結婚生子了，終於決定回家。做這個決定並不輕鬆，我畢業後自覺對內科專業有興趣，連大學內科教授也來電邀請我申請進修，我亦心動。

醫院裏另一位尊敬的師兄和太太已回港，在由美國宣教士創立的播道醫院任職了兩年。我收到他的「求救信」，醫院先後有幾位醫生離職，留下的空缺急待填補。我回信表示我仍在考慮進修的可能，信中明顯流露了內心的掙扎和不安。

我難忘師兄太太的來信（她是我太太的摯友），她在信中如此說：「我們不是一同等候神，願意回香港事奉神的嗎？怎麼你來信中表現得好像一頭迷路的小鹿，找不到方向前行？」

這封信叫我扎心，我和太太 Ellen 再懇切禱告，內心出現一種催逼的感動——我們決定回家，至於是否進修則是將來的事。

《聖經》中浪子回家的故事給我不少警惕：每個人都有迷路的時刻，最重要的是「醒悟過來」，回到天父的家，全心全意的領受祂的愛，並真心真意的服事祂（見附錄：第三程，第 250 頁，*The Return of the Prodigal Son*）。

我決定回港前先到 Ellen 曾就讀的草原聖經學院（Prairie Bible Institute）選讀一些聖經課程，作為回港前的休息和裝備。意想不到選修的三科，以及三位老師對我的生命留有深遠的影響：Rev. Maxwell 教的是「均衡的生命」、Rev. Randle 教的是「但以理書」和 Rev. Douglas 教的是「保羅的差傳學」。他們三位都是敬虔的基督徒，並以生命演繹他們所教的課程；他們對普世差傳更有熱誠與洞見，那個短短的暑假學習給我和 Ellen 回家前豐富的靈性裝備。

與病者同行

在播道醫院當醫生前後五年（其後三年已經在「突破」任兼職），我十分享受醫生的工作：服侍病人、接觸到他們的家屬、向他們説明病者情況，與一家人同行。

醫院每週舉辦福音聚會，與病者及親友面談，後來亦為醫院附近的社區開設了兒童聖經班等服務，進入社羣。

當時，我在播道醫院認識了三位從美國來的專科醫生和院長，在他們身上我看見的不單是高水平的專業服務，更感受到他們甘願離開本國本家的委身，進入一個不同的文化，以愛心服事香港人，他們的廣東話水平甚高，深得病人和家屬尊敬。我只是一個初出茅廬的年輕醫生，他們在專業上亦成為我的導師，衷心感激！

與此同時，從溫尼辟回港的畢業生亦增加了，我們在播道醫院的宿舍共聚、晚飯、相交和禱告，互相激勵為主而活。

神的意念高過我們的意念，是祂指引我逐步踏上一條不同的人生路。

感謝天父，

讓我遇上這羣有異象有行動的神學生；

更有機會參與他們憑信心

將異象成為真實的神學院，

讓我親眼見證

「中國神學研究院」的誕生。

祢真是一個信實的神，我稱頌祢！

當我在醫學院進修期間，我收到一封四位神學生的代禱信，他們都在海外進修神學博士學位，並且一同祈禱：神賜給他們一個異象，要回香港或台灣籌建一所「神學研究院」，為華人教會栽培一些更深紮根於神話語，並且願意為華人教會培育新一代信仰的生命，在教會和職場中成為基督的見證。

我被他們的「異夢」感動，於是和他們開始通信，並成為主裏的朋友。

我從沒有想過，就在我回港任職播道醫院期間，這羣領受了異象的神學生相繼畢業回港，預備籌辦「中國神學研究院」。他們竟然在播道醫院的宿舍啟動了一個祈禱會，更開始出版一份通訊，記錄開辦神學院的過程。

感謝神，在這個過程中，我親自見證了神的信實：祂賜異象，也會一路與領受異象的人同行，讓異夢成真。

「中國神學研究院」真的成立了，滕近輝牧師願意成為創校院長，與這羣年輕的後輩同行，為華人教會神學教育開啟了新的一頁。

我能為這個城市做什麼？

當時溫尼辟的《泉源》期刊同仁，正考慮在香港出版一份「遠東版」，調整內容，更適合亞洲華人大學生閱讀。我們為此定期禱告，亦付出努力，出版了《泉源》遠東版的試刊。結果並不成功，北美的華人留學生和遠東的華人大學生活在兩個不同的世界，難以用一份刊物橫跨兩個世界，服侍兩個不同文化的讀者羣。

一羣回港的 Winnipeger 沒有因此氣餒，仍然各自在不同的職場和教會中學習為主而活，有些 Winnipeger 日後成為「突破」的同工或義工。

進到年輕人中

我跟隨主的年日中，神常叫我驚訝，因為祂常指引我進入一些完全陌生的領域，在其中觀看祂的作為。

回港後，與恩師滕近輝牧師會面，想不到他轉介我到較接近播道醫院的希伯崙堂聚會，又邀請我到宣道會北角堂的崇拜講道。在他推薦下，希伯崙堂的李非吾牧師邀請我成為青年團契的導師，並在主日參與講道，李牧師成為我另一位牧者和恩師。更意想不到的是我母校的中學生基督徒團契亦邀請我講道；在播道醫院隔鄰的宣道中學校長亦經常邀請我到中學的早會分享信息。

收到這些意想不到的邀請，我既戰兢，同時心中也有喜悅，畢竟我在加拿大的七年也是在大學生羣中學習事奉。

遇上恩師：從尋夢到召命

有人介紹我認識兩位在香港開創「福音戒毒」的先驅者：「晨曦會」的陳保羅牧師和 St. Stephen Society 的 Jackie Pullinger，他們邀請我參與一些與福音戒毒有關的事奉。

我生命中一個重要轉捩點發生在九龍城寨：一個「三不管」的小區，內裏住着最基層的市民。因為歷史因素，中、英、港三方面都沒有全權管治，因此「黃、賭、毒」等非法活動十分活躍。

我被邀請到九龍城寨一個福音戒毒團契分享，以基督徒和醫生身分分享毒品的危害，及以專業知識和《聖經》勸勉在場的人。

在幾位主內肢體「保護」下，我進入這個社區。那些黃、賭、毒活動相當明顯，區內居民的目光卻是友善的。

沒想到團契中參與福音戒毒的羣體竟然有不少青年人，我心中驚訝不安。在聚會中有很多交流，我感覺到同工的真誠，以及這些參與福音戒毒者的目光帶着期望。在聚會房間的最後一排坐了一位女士，一看就知道不是吸毒者，她散發着一種不同的氣質。

我上前打招呼，令我意想不到，她竟是蘇恩佩。我在大學期間已讀過她寫的小說《仄徑》，及她在台灣《校園》雜誌中發表的文章，還有文集。我知道她很年輕已患上癌症，並接受長期治療。

我問她為何會出席這個聚會：她說是聽新加坡醫生的勸導，要回港休息及接受進一步的治療（她在新加坡開辦了一份青年人的雜誌《前哨》)。她告訴我到這地方是想認識這城市繁榮背後的一面，為什麼一個經濟起飛、開始富起來的城市，仍有青年人不自禁地陷入不容易自拔的困境？

為香港青少年禱告

我認識了蘇恩佩，而她成為了我一位重要的恩師。後來，恩佩邀請了一些有心從事青少年工作的牧者、教師及青年信徒一起交流，為香港的青少年禱告。

期間，這小羣體還做了一個調查，發現香港眾多的雜誌和期刊中，竟然沒有一份基督教雜誌可以公開在報攤上銷售的，連曾經受歡迎的《燈塔》也停刊了。

在定期禱告中，恩佩領受了一個感動，她邀請我們一同禱告印證。她想籌辦一份給中學生的雜誌，不是單為傳福音，而是在香港探索青少年成長的處境和掙扎，與他們一同尋求一條「抗衡文化」及活出意義的人生路。這祈禱會定期舉行，持續了近一年。

恩佩是最先領受這個辦雜誌感動的，其他小組的人都表達他們的困惑：人手哪裏來？資金從何來？青少年願意買一本基督教的雜誌嗎？……在疑惑中，我們沒有停止坦誠的禱告。

天父啊，祢知道我是膽怯的，
沒有能力辦雜誌，
但是我的確有一顆服侍青少年的心。
多謝祢感動我行上一條「正路」，
又有 Ellen 與我同心。
我願意接受祢的帶領，向前踏出一步。
求祢幫助我！奉主耶穌的名求。

1973 年初的一天，恩佩約了我和 Ellen。她直接邀請我考慮成為她的同工，一同探索開辦一份青少年雜誌的可能性。

我的回答十分直接：「我是醫生，我不懂得辦青少年雜誌！」

恩佩溫柔地回應：「我看見你心中對青少年有一點『火』，並且知道你過去也有參與《泉源》期刊的出版工作。」

我告訴她我在《泉源》只是負責一些印刷、釘裝和寄發的雜務，我並非編輯。

她說這不是一般的雜誌，是期望以基督信仰和價值觀感染新一代青少年，讓他們找到生命的意義和人生的方向。她認真地發出邀請，「請你和 Ellen 為這件事祈禱吧！」

Ellen 和我認真地回應恩佩的邀請。我向醫院請了假，與 Ellen 和兩個當時分別才一歲和兩歲的兒子，一同到離島的退修營安靜禱告，等候神的指引。

我心中不是沒有感動，辦一份青少年雜誌確有價值，只是自問沒有這種能力。我問自己：「為什麼恩佩看見我心中的那點『火』，我卻看不見？」Ellen 一直都知道我有願意事奉神的心，她願意與我同心禱告。禱告中，我沒有聽見什麼「聲音」，卻逐漸察覺自己與青少年共聚，或向他們分享生命或信息時，確會感到一份莫名的喜悅；在講道中，也看見青少年對我的信息產生共鳴和回應。

在安靜、退修、讀經、祈禱中，有一天我內心有一種感動：嘗試踏出一小步吧，再看神逐步帶領。

我心中浮現一段《聖經》經文，是我喜愛的金句之一：

「你們得救在乎歸回安息；你們得力在乎平靜安穩；你們竟自不肯。你們卻說：不然，我們要騎馬奔走」（賽 30：15-16）。

當時猶太人面對四周列強虎視眈眈，不時受到攻擊，先知以賽亞勸他們回轉倚靠神，他們卻十分迷惘，反而向外尋求救兵。以賽亞再以神的話勸勉猶太人：「耶和華必然等候，要施恩給你們；必然興起，好憐憫你們。因為耶和華是公平的神；凡等候他的都是有福的……你或向左或向右，你必聽見後邊有聲音說：『這是正路，要行在其間』」（賽 30：18-21）。

我覺得這段經文印證了我內心的感動。於是我向 Ellen 表示我應承恩佩的邀請，成為兼職同工，參與這份青少年雜誌的籌備工作。

Ellen 一直與我同心禱告、她也覺得這是「正路」，並樂意支持我的決定，同心踏上一條新的路，學習服事青少年。

賜異象的主，我感謝祢，
讓我憑信心踏出一小步，
投身「突破」成為兼職同工。
我為有機會服事這城市的青少年
而滿有喜悅；
同時，我仍喜愛我在醫院的事奉。
我從未嘗試過從零啟動一項事工，
在「突破」的每一天都是信心的考驗：
義工從哪裏來？每天的經費從何而來？
《突破》雜誌每期的主題怎樣出現、
如何製成一期接一期
能感動青少年的期刊？
我們只能信靠祢！

重新學習信心的禱告

我自問是一個審慎的人，當我在 1973 年 6 月投入「突破」雜誌社並成為兼職同工時，我仍然維持在醫院半職的醫生工作。我實在對於青少年雜誌出版，以至青少年工作沒有經驗、沒有把握。我好像為自己留了一條後路，而且也讓我的父母知道：我仍是一位醫生，雖然抽出部分時間嘗試投入我喜歡的青少年工作。

籌辦一份青少年雜誌原是信心的考驗，啟動這個行動的只是一小羣禱告的小組，包括了一些「香港基督徒學生福音團契」的董事和義工。

沒有資金、沒有辦公室、只有兩位兼職同工（蘇恩佩與蔡元雲），後來再聘請一位行政同工。編輯、作者、美術設計、攝影、研究及推廣，義工從哪裏來？「基督徒學生福音團契」免租借出兩張辦公桌，並且多方面鼓勵支援。《突破》這個雜誌的名字也是當時「基督徒學生福音團契」總幹事陳喜謙建議的，説明青少年生命與文化都需要突破（breakthrough）。

每次籌備會議，核心仍是禱告。我自知是一個不曉得禱告的人，也是一個小信的人，然而羣體的禱告產生了彼此激勵的作用。

恩佩是個重視禱告的人，我們的同工每週都一同敬拜，分享《聖經》、分享經歷，為一切所需彼此代禱。恩佩主持編輯小組時，每次都有禱告時段，而且商討每期主題時，都由禱告開始；並親自從《聖經》尋找信息的基礎，回應青少年的訴求。

我也主持幾個小組：研究組、推廣組、及雜誌「小信差組」，學習同心禱告，盡力做好每件事工。

《突破》雜誌在 1973 年 12 月底創刊，不知不覺匯聚了數以百計的義工，每一位都擁抱同一個異象：一同見證了神的信實供應。在短短三年內，從《突破》雙月刊，到「突破時刻」電台廣播節目，到以信件電話與個人會談提供輔導服務都逐一誕生。我沒有忘記，每個義工小組都是在禱告中啟動，在禱告中得以持續（附錄：第六程，第 257 頁，《我看見神的作為》）。

《突破》出版以來，出乎意料的銷量和讀者不斷來信，給我們很大鼓舞，不住感恩！我們經歷被人批評，說福音信息不足，又談論「黑社會」、「性教育」等敏感議題。而且常遇到人手及資金不足的考驗，同工之間也有出現意見不一及摩擦。

但神沒有嫌棄小信及軟弱的人，祂依然憐憫、垂聽，原來是聖靈與在天父右邊的基督也不住為我們禱告。

禱告是：聆聽

我現在更加明白為什麼 Richard Foster 在他的書中強調：禱告最重要是聆聽，神願意藉着《聖經》和聖靈指引我們當行的路（附錄：第三程：第 248 頁，Richard Foster, *Prayer*）。

我看過不少屬靈前輩的生命見證和著作，都是藉着禱告確認自己的「召命」（Vocation）。在禱告中，我學習聆聽神的「微聲」指引，聖靈也開我的眼睛，我發現自己心中的「火」：是神給我服侍的恩賜和對青少年的真情（附錄：第三程，249 頁，Parker Palmer, *Let Your Life Speak*; Marva Dawn, *The Sense of the Call*）。

我以後為青少年撰寫尋找召命的小書：《敢夢想飛》，焦點也是在於「聆聽」內裏的聲音，及從神而來的聲音。

在尋夢的歷程中，我總算向青少年工作的「召命」踏出重要的一步，回顧時我仍深信是神的指引，加上太太的支持，及一個小小的屬靈羣體的印證。恩佩在歷程中，成為其中一個重要的見證人。

《突破》創刊後，引起青少年熱烈回應。香港商業電台竟然邀請我們主持每週的青少年廣播節目：「空中突破」——後來改名「突破時刻」。「輔導中心」、「影音中心」相繼創立。我和同工、義工們一起見證神奇妙作為，回應青少年發出那「低調的吶喊」——「突破」第一張推介單張的主題。

1972 年，我和恩師蘇恩佩在九龍城寨的一個「福音戒毒團契」中相遇，經過一年的小組同心禱告，《突破》雜誌在 1973 年底面世。是恩佩邀請我和太太 Ellen 安靜等候是否加入「突破」運動。在與 Ellen 靜修禱告中，我聽見天父的呼喚：「這是正路、行在其中」。我一生的路被神完全改寫了。

禱告：順服神

第四程：不歸路，考驗的掙扎（1976-1982）

天父啊，

我不明白父親為什麼如此忿怒；

我已經是兩名兒子的爸爸，

我可以選擇我要走的路嗎？

我仍然深信我決定讀神學，

就是要踏上一條不同的人生路；

感謝祢，讓 Ellen 和同工們都支持我。

父親的責備仍叫我心痛；

我有一天會與父親和好嗎？

我求祢幫我，

我不知如何回應他的強硬立場。

奉主名求，阿們。

從 1973 年底，《突破》創刊號面世之後，事工發展的速度始料不及。電台節目「突破時刻」（本來名稱是「空中突破」）從每週一晚擴展到每週五晚；專欄「明心信箱」也從雜誌搬上電台，讀者來信訴說心底的話一直不間斷。因此，事工再逐步開拓電話熱線輔導，以至個人面談輔導。讀者活動也不斷開展：福音營、民歌晚會，到後來在旺角球場主辦舞蹈劇《枯骨的復活》，一切都是神的感動和指引，不同恩賜的同工和義工先後投身加入「突破運動」。

我的時間分配失控了：上午在醫院，下午在「突破」雜誌社，還當上了「突破時刻」的廣播節目主持之一，還有一晚幫忙電話和面談輔導，及督導輔導義工。身心出現疲憊的訊號，幸有太太從旁支持勸勉。

我最先在個人禱告中掙扎，知道自己不能再同時兼顧醫療服侍和青少年事奉，於是與太太逼切禱告，但仍未尋獲清晰的方向。

我向恩佩及幾位從「突破」開創便同行的董事和同工訴說內心的掙扎，他們都尊重我的決定，並沒有加添壓力。

我向熟悉我的牧者分享心聲，他們鼓勵我進修神學；我也確實覺得自己有需要在神的話語上裝備，無論我往哪個方向走，這都是不可或缺的。

聖靈的感動愈來愈強烈，我渴望暫時放下「突破」和醫院的事奉，接受全時間的《聖經》神學和輔導培訓，再在離港進修期間尋求更清晰的印證，深信祂必指引我的路。

我離開香港，一定會增加恩佩在「突破」事奉的負擔，但在這個時候出現一個最意想不到卻叫我放心的印證：「突破」義工李金漢弟兄在市場策劃、編輯組全心投入，他竟然願意向他任教的大學申請特殊許可，暫時兼任「突破雜誌社」的社長，承擔了我大部分職責，神的預備實在奇妙！

太太 Ellen 全心支持我，兩個兒子年紀尚小，未能參與決定，不過我的母親和弟妹亦支持我。只是我和父親的關係完全決裂了，他強烈責備：「你是蔡家第一個進大學，再成為醫生的，今天竟然放棄這職份，去做什麼青年工作？」

我在父親責備時強忍眼淚，其後卻是禁不住痛哭。原來眼淚也是禱告，神曉得如何回應我們無聲的禱告。我寫了一封很長的信向他致歉，並尋求他的包容，可是一封、一封的信都石沉大海。他後來雖然沒法禁止我轉變職業方向，並且容許我回家探望他，但是真正的復和是在我踏入「突破」的二十年後。

我好像明白一點點，為什麼使徒保羅說：「有一根刺加在我肉體上」(林後 12：7)。

保羅沒有解釋「那根刺」是什麼？我卻深信是有苦痛的，並且因此叫他不敢「自高」，我為這根刺不斷懇切禱告。

生命與召命的裝備

我終於在 1976 年夏天，和 Ellen 及兩個兒子到美國三一神學院進修《聖經》、神學及輔導，心中釋然，並且十分期待前面這段專心接受裝備的日子。

我同時察覺自己踏上了一條「不歸路」，我不再「一腳踏兩船」，我願意按神的心意全心全意投身青少年工作。可是，我也暗地擔心，我和父親的關係是否也是走上了一條「不歸路」？我仍求神讓我有一天修復這破裂了的父子關係（請參閱附錄：第四程，第 251 頁，《從未遇上的父親》）。

開始專心接受裝備的一段日子，Ellen 發現：「你唸神學比你當年唸醫學時更投入和愉快！」

真的，我好像進入了一個藏滿珍寶的山一樣。每一科《聖經》經卷、神學、輔導的課程都叫我眼睛和心明亮，發現了不少昔日不認識的知識和真理，原來神的話語對一切關乎生命與成長的道理，有如此取之不盡的啟示。對我認識自己、辨別這世代都充滿啟迪。

更感動我的是老師的敬虔生命和對教學的熱情：輔導系主任 Dr. Gary Collins 願意每週給我一小時輔導與督導的時間。他指引我啟步探索，如何將心理學建基於《聖經》真理上（見附錄：第四程，第 252 頁，Gary Collins, *Psychology & Theology*）。

我亦不止一次請他指引：我是否適合當青少年工作者？我在心理輔導這方面如何進深？如何與自己和青少年的生命結合？

在神學院裏，我定期與一些同學禱告，其中一位是「突破」的同工詹維明。在接近兩年的進修期間，我在當地一間華人教會投入了另一個生命交流與祈禱的夫婦小組，這些小組都成為我生命成長的祝福。

進修期間，也遇上信心的考驗：有一次加拿大一個冬令會邀請我作講員，我很想全家參加，卻沒有經費買機票。我在家庭晚餐桌上談到這件事，六歲的大兒子聽見後説：「我們祈禱，求主耶穌幫我們！」是自己的兒子提醒我：天父是我們的供應者，神叫我們進修與生活的費用都不缺！

經老師的指引，我和 Ellen 的禱告，還有「突破」同工的禱告支援下 —— 我確信是神揀選我成為青少年工作者，我決定回港後全職投入「突破」，這是我確認召命的重要一步。

生命的裝備深化了，《聖經》的根基也穩固了，我找到了珍貴的鑰匙，進一步認識如何進入《聖經》這寶藏深處，進深一步與神結連。我確信青少年工作的目標是讓他們的生命被神更新，青少年文化亦可以藉真理革新。

我們在天上的父，
我知道一切日常所需
祢都會供應我們。
在「突破」的事奉充滿喜悅，
同時每步都是心中戰兢。
我們沒有想像過事工開展得如此迅速：
《突破》雜誌、突破廣播節目，
從書信和電話輔導到啟動了
「輔導中心」，
從廣播發展成為影音事工。
我看見祢賜給我們同心的同工和義工、
不知從哪裏來的奉獻和贊助，
更得見青少年生命更新的喜樂。
主耶穌，
我相信祢在天上也為我們代求，
我感謝祢！

事工拓展，信心考驗

「突破」是一個青少年生命與文化更新的運動，恩佩用的字眼是「抗衡文化」：在這城市建立一個以《聖經》真理為根基的另類文化，抗衡世俗的潮流文化，正如她曾倡議「簡樸生活」，抗衡消費主義的生活方式。

恩佩「看見」少年人閱讀習慣及成長需求不一樣，因而啟動出版一份少年雜誌《突破少年》。我發現她領受異象的方式，是有一段孕育期：細察香港少年人的生活實況與價值及影響他們的媒體，更重要的是她匯聚一些有相同負擔的信徒一起禱告。她確信若是神的心意，祂必定會興起有相同負擔的信徒。經過禱告，我們遇上一些對少年雜誌編輯、設計，以至有少年活動經驗及有共同「看見」（異象）的信徒。神賜異象，亦會感動並招聚一些同心的信徒，讓《突破少年》在資源缺乏、人手不足下誕生了，同工、義工逐漸增加，神的供應足夠。

至於「突破」的廣播事工，反應良好，逐步拓展，後來發展至有專題的幻燈製作、音樂的創作及演出。神感動梁永泰弟兄（《突破》創刊時已是義工編輯，後來成為總幹事），讓他「看見」影音媒體對少年成長與文化的深遠影響，於是出國裝備自己，成為影音事工的領導同工。

輔導事工的需求十分逼切。無論是青少年與家庭的輔導，戀愛、擇偶與婚姻的輔導，各種心理或精神困擾的輔導，升學擇業及尋找人生意義和召命的輔導等，都需要更多資源。神感動更多輔導同工和義工加入這個超越媒體、與青少年作個別或小組接觸的生命服事，而我們亦匯聚了一羣為這事工禱告並委身的同工。

「突破」亦是一個培育青少年工作者的運動。我們一直用心培育同工的生命及提供事工相關的訓練：寫作、設計、編輯、市場推廣、影音製作，讀者及受眾活動、輔導理論及技巧等。期間我們更與「中國神學研究院」合作培訓一些願意以輔導為他們事奉重點的青少年工作者和牧者，而這些輔導工作都是建基於《聖經》。

因應事工發展的領域、模式及服侍對象，逐漸超越「基督徒學生福音團契」的範疇，董事會決定讓「突破」註冊成為一個獨立的青少年工作機構，與「基督徒學生福音團契」合作，成為姊妹機構。

因此，「突破」需要自置辦公地方，盛載各種多元事工的運作，整個拓展的過程都是信心的考驗。

使徒保羅的事奉旅程成為我們的激勵。神揀選他成為外邦人的使徒，他多年來事奉所需，神都信實供應。他寫給成為他使命夥伴的腓立比教會的信，成為我們的指引：「我每逢想念你們，就感謝我的神；每逢為你們眾人祈求的時候，常是歡歡喜喜的祈求。因為從頭一天直到如今，你們是同心合意的興旺福音。我深信那在你們心裏動了善工的，必成全這工，直到耶穌基督的日子」(腓 1:3-6)。保羅稱他的同行及支援者為 partners for the gospel，深信神啟動的善工，祂必成全！

我自問是個小信的人，幸而神沒有輕看我內裏如芥菜種般微小的信心，而信心在基督裏是會漸長的！神的話語及聖靈的感動，成為我們學習信心禱告的根基，更感謝主在本港以至海外賜給我們不少禱告和福音夥伴。

是天父給我的安慰和肯定：
「你的名字是蔡元雲；
我沒有呼召你成為另一個蘇恩佩。
我一定與你同行，
並賜你足夠的恩典、力量與恩賜。」

恩師安息、前路茫茫

1982 年復活節，天父把祂心愛的女兒蘇恩佩接回祂的懷中安息，太突然了，她竟不是因為多年的癌症而去世，而是有病毒入侵心臟而逝世。

恩佩在安息前不久，才完成著作《死亡，別狂傲》。這是她個人面對癌症多年的經歷，也是基督裏勝過對死亡的恐懼，是一篇感人的凱歌（見附錄：第四程，第 252 頁，《死亡，別狂傲》復刻本）。

我沒有心理準備面對她的離開。十年來在她的指引下，我找到自己的召命，並且她是我同心禱告、並肩作戰的夥伴。恩佩從沒有因我欠缺青少年事工的經驗而給我壓力，反而以生命和事奉的榜樣成為我的生命導師。

在澳洲帶領一個營會時的通話，是我和她最後一通電話，她竟然以柔弱的聲音對我說：「你不用掛心，我沒有遺憾，我會等你回來探望我。」

神聽了她的禱告。天父在復活節當天接她返回天家，我接到 Ellen 的電話時，正住在我四弟在澳洲的家。我即時痛哭，也不清楚過了多少時間，淚水一直奪眶湧流。直至我回到自己房間安靜，仍然放聲大哭。

還記得弟弟從門縫中遞給我一張紙條，上面寫着這段經文，是使徒保羅在苦難中的經歷：「弟兄們，我們不要你們不曉得，我們從前在亞細亞遭遇苦難，被壓太重，力不能勝，甚至連活命的指望都絕了；自己心裏也斷定是必死的，叫我們不靠自己，只靠叫死人復活的神。他曾救我們脱離那極大的死亡，現在仍要救我們，並且我們指望他將來還要救我們」（林後 1：8-10）。

我真的不曉得如何禱告，內心充滿對恩師突然分離的哀慟，而且我自覺力不能勝。我沒有文字工作的恩賜，沒有恩佩那種對文化的洞察、沒有「先知」的氣質；我只覺得前路茫茫：「突破」運動如何前行？我未來的事奉焦點是什麼？

明天不容易面對：恩佩離開了、永泰仍在美國進修、輔導部總監專職到大學任教——我要身兼數職。但是，「突破」同工和義工們十分同心，我們一同仰望神，求祂指引我們如何踏上新的一程。

跟隨祂的腳蹤行

由於要留在澳洲主領聚會，我連恩佩的安息禮拜也趕不上，只可以參加恩佩的追思聚會，記得當日兩個禮堂都坐滿了，近二千人。

哀慟和悼念中充滿盼望：其中一首詩歌更提升我內心的力量。

"Because He Lives"

(Kristin Chenoweth)

God sent His son, they called Him Jesus
He came to love, heal and forgive
He lived and died to buy my pardon
An empty grave is there to prove my savior lives

Because He lives, I can face tomorrow
Because He lives, all fear is gone
Because I know He holds the future
And life is worth the living, just because He lives

How sweet to hold a newborn baby
And feel the pride and joy He gives
But greater still the calm assurance
This child can face uncertain day, because He lives

Because He lives, I can face tomorrow
Because He lives, all fear is gone
Because I know He holds the future
And life is worth the living, just because He lives

And then one day, I'll cross the river

I'll fight life's final war with pain

And then, as death gives way to victory

I'll see...

家人和肢體的同行十分珍貴，我心中萬分感動。在哀慟與迷惘中，我更深經歷神的愛，大衛的禱告加添了我接納自己「被造奇妙可畏」的信心。

Psalm 139: 13-16 (MSG)

Oh yes, you shaped me first inside, then out;

you formed me in my mother's womb.

I thank you, High God — you're breathtaking!

Body and soul, I am marvelously made!

I worship in adoration — what a creation!

You know me inside and out,

you know every bone in my body;

You know exactly how I was made, bit by bit,

how I was sculpted from nothing into something.

Like an open book, you watched me grow from conception to birth;

all the stages of my life were spread out before you,

The days of my life all prepared

before I'd even lived one day.

我想起恩佩帶領同工們同讀潘霍華的《追隨基督》(*The Cost of Discipleship*)(附錄:第四程,第 251 頁),恩佩最喜歡潘霍華翻譯這句經文:「於是耶穌對門徒説,若有人要跟從我,就當捨己,背起他的十字架來跟從我(太 16:24,"When Jesus Christ calls a man, He bids him to come and die.")。

而我另一位恩師斯托得牧師(John Stott)臨離世前撰寫的一本書也是以《世界在等待的門徒》(*The Radical Disciple*)為名(附錄:第四程,第 251 頁)。

在恩佩的文集《黑夜歌唱》中,我們看見跟隨基督的路會經歷「黑夜」,但仍然可以靠着基督「歌唱」!我在基督前自省:我願意捨己跟隨基督、背起自己的十字架嗎?我願意「死」嗎?

王永信牧師從我和 Ellen 大學時期已經是我的恩師，開拓我的「天國視野和胸懷」，導引我為神的使命獻上生命。王牧師一直伴我們同行，並讓我有機會參與「華福運動」：一個全球海外華人結連承傳「大使命」的平台。這照片是我在「希伯崙堂」差傳年會中為王牧師傳譯時所攝；坐在台上的是我另一位恩師李非吾牧師。

滕近輝牧師是我靈程啟蒙者，並與我同行近五十載的恩師和牧者。我投身青少年工作之後，不少機會向滕牧師學習：個別的深談、在不同會議中共事。這照片是我在台上為滕牧師傳譯。

在決定離開醫療工作，進入神學院前，心中不少掙扎，滕牧師一直用心聆聽我傾訴，為我禱告。

禱告：仰望神

第五程：尋根，遇上中年危機（1982-1997）

慈愛、憐憫的阿爸父：
恩佩突然而來的離世，
我流的是哀慟的眼淚。
意想不到的是自己陷入「中年危機」；
恩師離世，
我如何承擔我力不能盛載的多元事工，
我如何走下去？
更意想不到是中英談判決裂，
中國聲明在 1997 年收回香港主權。
我和同工如何面對一個
不知明天如何的城市。
香港青少年大部分沒有能力選擇移民，
他們也出現身分危機：
什麼是香港人？
什麼是中國管治下的香港人？
什麼是中國人？
在個人與集體危機中，
我們緊緊的抓着祢，
我們深信祢不會離棄這城市！

不知不覺我已步入中年期，Bob Buford 著的 *Halftime: Moving from Success to Significance*（附錄：第五程，第 253 頁）對我很有啟發。踏入中年，我看重一些更深層的問題：人生最重要的不是追求「成功」，而是生命的意義，我所參與的事工在神的國度中有什麼價值？

孔子描寫人生歷程相當到位：「三十而立、四十而不惑、五十而知天命」，我已步入「不惑之年」，並且尋求更深入的「知天命」。

恩佩在 1982 年的復活節主懷安息，更觸動了我「中年危機」之感，我如何尋求神的心意，確認自己的召命？我深信神十分關愛青少年，盼望他們認識基督、作主門徒，承傳神的使命。

我和「突破」同工們同心禱告，一同尋求神指引前路。就在這期間：中英簽署《聯合聲明》，中國收回香港主權，承諾一國兩制、高度自治，五十年不變。我和同工都醒覺：香港的地位改變，「突破」的青少年事工加添了變數；在迷惘中，我們只能更懇切的禱告。

在禱告中，我們決定「植根香港」

當中國宣佈收回香港主權後，掀起了一浪接一浪的「移民潮」，不少港人對 1997 年後的政局及管治沒有信心，説是為了子女的前途着想，決定移居外國。這時有人勸「突破」將總部遷到外國，以確保言論與出版的自由。我們做過調查：只有不足 10% 的香港青少年有能力移居外國。在禱告中，我的心中盤旋着一個字：「根」—— 也是恩，一個人忘記自己的「根」，就是忘本，也是忘恩，包括先祖的恩及上帝的恩。

這段時間，有些書籍和人物影響我的思想，美國一位黑人作者 Alex Haley 撰寫的 *Roots: The Saga of an American Family*（附錄：第五程，第 254 頁）深入探討美國黑人的種族身分和文化的根，他們都在非洲不同國家中成長，後來才移民美國，不少更以奴隸的身分被遷移到美國，一直遭受不平等待遇。作者沒有鼓吹種族仇恨，也不反對成為美國公民的新身分，但堅持要維護民族與文化的尊嚴，不容忘記自己的根。

美國人權運動領袖馬丁路德金（Martin Luther King）為美國黑人的人權、民族尊嚴而奮鬥，他的信仰更為他的「夢」增添了重要元素 "I have a dream"：人的尊嚴源於神的創造，神按自己的形象造人。

另一位南非的人權領袖曼德拉（Nelson Mandela）也引起我的注意。當年，我到英國參加聚會，偶然在街上看見幾位黑人舉起一個牌 "Free Mandela"，並邀請我簽名支持。我在倫敦喧嚷的街道旁簽了名，心中十分驚訝：曼德拉被囚禁了多年，竟然仍然有人在英國為他爭取自由？

曼德拉被囚二十七年，最終獲釋放了，讓他重獲自由身的是白人南非總統德克拉克（F. W. de Klerk），後來他們倆同時獲頒發諾貝爾和平獎，曼德拉其後成為南非第一位黑人總統，他撰寫的 *Long Walk to Freedom*（附錄：第五程，第255頁）對我影響深遠。

曼德拉被單獨囚禁期間認識基督，生命改變，出獄後堅持以愛與和平消除「種族隔離」的不平等政策。

尋根中國，植根香港，紮根永恆

神呼召我們服侍香港青少年。我們一定與他們同行，在香港承擔公民的責任，共渡不同的考驗。在禱告中，我們決定「植根香港」。

同時，我們要學習「尋根中國」：認識中國的歷史與文化，畢竟大部分香港人都是華人，與中國國民本是同根生。使徒保羅是羅馬籍的猶太人，他被召為「外邦人的使徒」，但仍然不忘服侍猶太人，稱他們為「骨肉之親」(羅 9：1-3)。

我們在深思「突破」的使命和意義時，確認一個人最重要是與創造和救贖主的關係。因此我們確認我們的青少年事工，包括紮根永恆，讓青少年認識創天造地的永生神，及捨命救贖人的基督。

在禱告中，神指示我們在迷霧中看見一條出路，重新學習在政治環境轉變中如何與香港的青少年同行：植根香港，尋根中國、紮根永恆。

使命的主，
我沒有忘記我獻身給祢的那天，
祢賜給我的話語：
「沒有異象，民就放肆」。
我一直祈求能看見祢的作為、
聽從祢賜的異象。
主耶穌，
祢邀請我們與這城市的青少年
一同跨越九七，
一同迎接一個新的政治局面，
一個劇變中的新世紀。
我懇求祢賜給「突破」一羣願意委身、
將異象化作行動的同工和義工。
我們學習憑信心與祢同行，
與香港的青少年一同迎向
那不能預測的明天，
"Because You live,
we can face tomorrow"!

有三個重要的字，深深影響「突破」如何服侍青少年：Vision（異象）、Mission（使命）、Action（行動）。

我有這樣的領會：異象沒有使命只是幻覺，使命沒有行動淪為謊言（"Vision without Mission is illusion, Mission without Action is deception."）。

神賜異象都是為了完成祂的使命，祝福整個被造的天地萬物，使萬國萬民尊神的名為聖，並使萬民作基督的門徒。在禱告中，我們從神領受「異象」，並且我們的羣體禱告同心共證是神的異象，並非出於我們的私心。《聖經》不斷提醒我們，「信心沒有行為也是死的」（雅 2：26）。我們等候神指引，如何將異象化作有使命的行動。

City with deadline ?

先知耶利米的見證感動了我們。耶利米是南國猶太面臨亡國時期的先知，親自見證耶路撒冷被攻破，猶太人被擄到巴比倫的絕境。當時的猶太人對前景失去信心，沒有人敢買地，國內一片哀情、經濟也蕭條。神指示耶利米向一位親戚買了一塊地，他如此向眾人解說：「因為萬軍之耶和華 —— 以色列的神如此說：將來在這地必有人再買房屋、田地和葡萄園」（耶 32：15）。

在香港踏入九七回歸這個歷程中，香港人心惶惶，股市及樓市往下挫，中英在談判過程經常爭持不下，國際輿論對香港前途相當悲觀，*Time* 這份國際時事雜誌更以封面專題評論，稱香港為一個 "City with a deadline date"。

「突破」既然決定植根香港，我們相信青少年事工需要拓展，有必要擴大我們出版、影音、輔導、青少年活動及各項培訓事工的空間。董事會憑信心作出一個逆流而上的決定，在經濟情況絕不寬鬆的情況下，以港幣一千八百萬元購買吳松街一幢十六層的大廈。這幢樓因市道惡劣，逼使發展商以低價公開拍賣，神為我們奇蹟地預備了一筆首期付款，購買這幢大廈 —— 將植根香港服事青少年的使命化作具體行動。

當時報章的地產版也報導，竟然有機構對香港的前景有信心，購買了這幢大樓。全是神的感動，及祂信實的供應，我們再學了信心禱告的一課。

我們深信「九七」並非什麼 deadline date，《聖經》歷史告訴我們，在任何政治或經濟逆境中，我們倚靠聖靈的力量，仍然可以成為基督的見證，帶着神的愛服侍青少年。

敞開的門

神藉着使徒約翰在〈啟示錄〉中把「所看見的，和現在的事，並將來的事，都寫出來」(啟 1：19)。其中一封給非拉鐵非教會的信給我們帶來安慰：「你要寫信給非拉鐵非教會的使者，說：『那聖潔、真實、拿着大衛的鑰匙、開了就沒有人能關、關了就沒有人能開的，說：我知道你的行為，你略有一點力量，也曾遵守我的道，沒有棄絕我的名。看哪，我在你面前給你一個敞開的門，是無人能關的」(啟 3：7-8)。

神既然感動我們「尋根中國」，相信進入國內的門是敞開的。我們參閱一些未來學學者（Futurologist）撰寫有關中國的書，其中一本是 John & Doris Naisbitt 所著的《中國大趨勢》(*China's Megatrends — The 8 Pillars of a New Society*）按他們搜集的數據及多方面觀察，他們認為中國在廿一世紀會成為一個「經濟強權」，並且保持對外開啟。

在神奇妙的安排下，神賜給我們一個十分適合安靜退修的地方，是在沙田市郊，近中文大學的一幢私人花園別墅。這房子的主人是一位愛主的姊妹，她是「突破」事工的支持者。我們向她分享我們預備迎向廿一世紀，在本港植根，並且學習認識中國，求神為我們開服侍的路。她樂意將別墅捐贈給我們，成為一個靜修、禱告的地方，並且讓其他有心安靜的牧者或青少年工作者共享這個地方(參附錄：第六程，第 257 頁，《我看見神的作為》)。

感謝神為我們預備一個禱告的地方，並且給我們幾年的時間學習等候的功課，憑信心迎向不可測的明天。

那段期間，我常藉着〈詩篇〉向神禱告，其中最常誦讀的是〈詩篇〉123 篇：「坐在天上的主啊，我向祢舉目。看哪，僕人的眼睛怎樣望主人的手，使女的眼睛怎樣望主母的手，我們的眼睛也照樣望耶和華 —— 我們的神，直到祂憐憫我們」（詩 123：1-2）。

原來禱告不一定用嘴巴，詩人教導我們可以用眼睛，仰望掌管明天的主，觀看祂的作為，並且聆聽聖靈的微聲，尋求羣體禱告的印證。

"Give us this mountain."

求祢將這山地賜給我們。

羣體禱告的力量

我對自己辨別聖靈聲音沒有很大信心，我常擔心是自己的「衝動」，而不是聖靈的感動。我不想禱告成為自我中心的「妄求」，卻不以基督為中心的信心祈求。

我喜歡羣體的禱告和等候，雅各教導我們建立一個「彼此認罪，互相代求」的羣體。「所以你們要彼此認罪，互相代求，使你們可以得醫治。義人祈禱所發的力量是大有功效的」（雅 5：16）。

有一次，近二十位「突破」各部門的領導同工一同退修禱告，我坦誠地向他們發出一個問題：在 1997 年之後，哪一位預備移民？我希望各人敞開自己，是否認同「植根香港、尋根中國、紮根永恆」的方向。結果只有兩位同工表示會跟家人一起移居海外，我們同心為他們祝福。

我心中增添了一點確據，原來主要的領導同工，都有一同委身基督迎向廿一世紀的決心，我相信這是聖靈賜給我們共同的指引。

迎向未來的事工

全球都學習迎接一個新世紀、新千禧的來臨，我們發現全球各國尋求互相接軌，最明顯的是經濟結構步向「全球化」，同時資訊科技將世界距離縮小了。廿一世紀將出現數不盡的新行業，青少年要學習創路，同時生命的素質要不斷更新，才能面對廿一世紀多元文化衝擊下帶來的挑戰。

我和同工們經常退到神為我預備那靜修的房子中同心禱告，同時用心研讀有關廿一世紀，及如何培育僕人領袖的書刊。我們領受的使命逐步清晰：培育青少年迎向廿一世紀，並且裝備他們成為僕人領袖，踏實地成為基督的門徒。

是主耶穌給我們示範如何「反倒虛己，取了奴僕的形象，成為人的樣式；既有人的樣子，就自己卑微，存心順服，以至於死，且死在十字架上」(腓 2：7-8)。

我們受 Robert Greenleaf 培育僕人領袖（Servant Leader）的概念影響，前路也逐步明朗：培育本港、國內、以至海外的青少年，成為廿一世紀的僕人領袖，內容涵括回應「資訊」年代，生命「更新」、勇於「創路」，並且共創「文化」。這四個元素後來成為「突破青年村」的四項事工的命名。

要培育青少年成為廿一世紀的僕人領袖，我們眾同工，聯同董事會的成員，都認定需要一個合適的場地，有足夠的空間和設備，既適合活動式培訓活動，又適合靜修，從三一神支取前行的力量。

神的作為超過我們所想所求。我在教會的同行小組中分享和禱告，小組中一位弟兄工作竟然是為政府覓地，以回應社會中各項需求，例如當時給越南難民作蔭庇的營地，就是他們尋覓出來的土地。

這位弟兄聽見我的禱告和分享，竟然幾天之內就在新界找到四幅可以使用的土地，其中一幅位於亞公角山路，後來的「突破青年村」就是建造在其上。我們稱這幅是神為我們預備的美地。

難忘那一天，我和太太連同幾位同工第一次踏足亞公角山上這塊「應許之地」── 當時只是一片荒涼的泥地，草叢雜亂，最動心的是背山面海，遠眺吐露港、中文大學，並看見沙田城門河與海連接的美景。藍天白雲，太陽普照的一天，我心中的眼睛看見一羣一羣青少年上山接受培訓。

我相信是聖靈的感動，我邀請幾位踏足這地的同工牽着手同心禱告。我的禱告十分簡單：

"Give us this mountain."

就是昔日以色列人進入應許之地，迦勒向約書亞的祈求，將希伯崙那塊山地賜給他。等候耶和華的必不至羞愧，按着神的指引祈禱，不為自己，只為祂的國度，祂的使命，天父會奇妙地回應。

神感動並招聚不少有心人讓「突破青年村」得以在 1997 年之前建成。當時的布政司霍德爵士帶領眾部門，極速批出土地，每年租金只是港幣一千元，承諾五十年不變。建築及裝置的費用合共港幣一億八千萬元，是我們不敢想像的數目，神竟然按時供應。建築師是一位同心事奉青少年的弟兄，以禱告的心構思、畫則並建築，建成一座「有靈魂」的青年村，連建築商也以一個服務香港青少年的心態，以低於當時的建築費的合約為「突破青年村」悉心建造。一切都是恩典，全是神奇妙的作為（參附錄：第六程，第 257 頁，《我看見神的作為》）。

天父，

你最知道我在繁忙的香港中生活，

我真的不曉得禱告。

求祢憐憫我，

給我力量歸回安息在祢的愛中，

在繁忙中得享內心平靜安穩。

主耶穌，感謝祢，從沒有離棄我！

禱告是：操練

在「突破青年村」建造期間，神為我預備了一位意想不到屬靈操練導師——盧雲（Henri Nouwen）。

我發現在亞公角山、「青年村」土地對面有一座美麗、幽雅的建築物：「慈氏護養院」，為身體先天或後天有障礙的、不同年紀的朋友提供蔭庇及療養服務。是神感動「突破」同工為宣道會沙田堂的主任牧師及小組同工，建立一間傷健共融、彼此服事，同心敬拜的教會——「方舟之家」。

當時我想起一位屬靈導師盧雲，他被神呼召，加入了多倫多的 Daybreak（總會是 Jean Vanier 創立的 Larch，也是「方舟」），正是一個服侍身體或腦部有障礙人士的羣體。

經過幾回書信往返，懇切請求，盧雲弟兄終於願意讓我和太太到 Daybreak 見習一個月，學習將屬靈操練與服事有障礙的院友結合。

從盧雲撰寫的書，我發現他是一個不斷尋索如何貼近三一神，並且追求確認自己召命的信徒。他在 *The Road to Daybreak* 中詳述他如何確認終身的召命，如何實踐他的使命。

在 Daybreak 這個面積不大的院所裏，我獲分派跟一位智障朋友學習木工，他教導我不少木工技巧。從他身上，我看見一顆直率、單純信主的心。

每天都有機會獨處安靜，參加他們的敬拜、膳食及閒暇活動，觀看他們在摩擦中仍是彼此相愛，同時感受到他們內心有種感人的寧靜和喜悅。

盧雲定期給我個別的屬靈指導，他十分坦率、真情流露，即或他有勞累的時刻，卻不能熄滅的內心深處對神對人的慈愛及關顧。

我沒有向他隱瞞自己內心急躁的性情，並且在繁忙中實踐屬靈操練的諸般掙扎。我陳明對跨越九七的焦慮，以及對服侍青少年、身體有障礙的人士自覺很多不足，也不忘向他述說自己與父親關係破裂帶來的傷痛。

盧雲坦誠地向我分享他尋索召命過程中的掙扎，更分享他學習禱告的體會。我觀察到多年來他如何將《聖經》真理和自己的生命結合，最重要的是學習常活在天父的愛中，並以基督的愛接待身邊每一個人。他更在有障礙的院友身上體會什麼是聖靈所賜的平安。

一個月的見習實在太短，我整理所領會到的，決定要有更多禱告的操練，並與同工的小組在每週一同靈修，寫下一些靈修的指引，結集成小書《繁忙人的屬靈操練》(參附錄：第五程，第 256 頁)。

原來最重要的學習是在繁忙中歸回安息，在聖靈指引中內化神的話語，在安靜中學習在聖靈裏禱告，包括有聲與無聲的禱告。

禱告是：歸回安息

這段時間恩師 Dr. Han's Burki 對我的靈命有重大的影響。Dr. Burki 曾經從事學生工作，專長是解經和教導，曾撰寫一些釋經書籍。其後轉為全時間主領「生命重整營」（Life Review Retreat），為國際的青年牧師和工作者提供靜修及屬靈操練的培育。

Dr. Burki 常用的兩段經文成為我學習禱告的重要指引：「主耶和華——以色列的聖者曾如此說：你們得救在乎歸回安息；你們得力在乎平靜安穩；你們竟自不肯」（賽 30：15）。

「耶和華啊，我的心不狂傲，我的眼不高大；重大和測不透的事，我也不敢行。我的心平穩安靜，好像斷過奶的孩子在他母親的懷中，我的心在我裏面真像斷過奶的孩子。以色列啊，你當仰望耶和華，從今時直到永遠」（詩 131）。

這兩段經文正中我的靈命成長的「死穴」，我正是那些不曉得「歸回安息」，「騎馬奔走」的人。對我而言，學習心不狂傲、眼不高大、重大和測不透的事、也不敢行，真是舉步維艱，因為我是個心急，有時會「勇闖」、「前衝」的人。

我讀經習慣了理性分析和解經，在靜修中學習「默想」，讓聖靈帶領我明白真理，及靠聖靈活出真理，必須持續操練。我發現《聖經》原來的字句，意想不到地深深觸動我的感情，照亮內裏的幽暗。在默想的學習中，我體會禱告原來是回應神藉着聖靈和《聖經》對我傳遞的信息，我往往情不自禁地回轉求神饒恕，又經常被感動向神感恩。

後來，我和太太及一些主內好友前往瑞士，參加 Dr. Burki 夫婦主領的二十八天「生命重整營」。在瑞士寧靜的山上和叢林中安靜漫步，既享受神創造的榮耀，又被神的愛溫暖內心，沒有很多開聲的禱告，一切盡在不言中（參附錄：第五程，第 253 頁，《與恩師的 10 堂課》）。

Dr. Burki 夫婦定期到香港帶領為期一週的「生命重整營」。我和太太每次都參加，學習安靜、默想、禱告，及回顧生命成長歷程，尋求神的更新。在「生命重整營」中，我學習處理與父親的決裂關係，心中以 Dr. Burki 作為自己的「屬靈父親」，他卻送我一句我不明白的説話：Father Yourself。我心中納悶，如何作自己的父親，後來才領悟原來是學習在安靜中，領受天父的慈愛牧養。在往後的年日中，我愈來愈珍惜在安靜中，領受天父愛的時刻，並且學習每一刻都活在祂的愛中。

大嶼山的大東山頂，山上一所殘舊石屋是我一家和一些同行家庭靜修營的地方，在寧靜中仰望神指引前路，在愛的羣體中從新得力。在香港回歸前最動盪的時期，我深知最重要的仍是「紮根永恆」。

我和父親的關係因我的信仰及召命旅途逆他意而陷入幽谷。1993 年在「紅館」的佈道會中，我父親決志信主，我和 Ellen 及弟妹等家人同站在台上感恩禱告。這是畢生難忘的父子在十字架的愛中相遇的恩典時刻。

在香港「九七回歸」前，神將亞公角山的一塊地奇妙的賜給「突破」。當年那塊地是一堆堆亂石和草叢。我曾在那地上禱告：「將這山賜給我們」。「突破青年村」就是被建造這山上。

建造「突破青年村」，全是神的恩典和供應。「突破」羣體一同學習仰望耶和華以勒，祂的信實供應使我們更加謙卑。這幅照片是動工禮當天拍攝：政府高層、大學教授、友好青少年機構與「突破」同工同慶動土的一天 —— 啟動了「突破」運動的新里程。

「突破青年村」果然在 1997 年回歸前完工，為培育本地、國內及海外青少年成為廿一世紀「僕人領袖」。是神賜的異象落實：「植根香港、尋根中國、紮根永恆」。

禱告：等候神

第六程：回歸，迷惘中神創路（1997-2008）

主啊，我該如何為「萬人」禱告？
包括香港和國內的「萬人」？
又如何為「君王」禱告？
包括香港和中國的領導者？
我們如何學習在「一國兩制」管治下
「敬虔端正、平安無事的度日」？

「九七回歸」的慶祝與眼淚

難忘九七回歸前夕的中英交接晚會，我受邀參與觀禮。最觸動我心的是看見英國國旗徐徐降下，中華人民共和國國旗在國歌演奏中緩緩升起。

台上中方主禮官員全部面露喜悅的笑容，熒光幕上顯示香港最後一位港督彭定康先生眼眶充滿的淚水，神情流露了內心的無奈。

回想鄧小平主席與總理戴卓爾夫人會面，戴卓爾夫人步出人民大會堂，在步下石級時竟然失腳摔倒——這個中英重要的協商帶來全球意想不到的結果，中國在 1997 年回收香港的主權——「一國兩制，五十年不變」。

回歸後第一天：1997 年 7 月 1 日——中國大肆慶祝，香港舉行煙花慶典和不絕的宴會。有人歡喜有人愁，很多港人正在回歸前選擇移民外國，他們對九七回歸後的香港前景失去信心。

我本不曉得怎樣為「君王」禱告，九七回歸觸動我的心，要學習為「在位的」禱告，《聖經》仍然是我們學習禱告最重要指引。當然，聖靈會指導我們明白《聖經》，並且感動我們如何為「君王」禱告。最大的安慰是聖靈隨時用說不出的歎息為我們禱告，主耶穌在天父右邊也不停舉起手為我們、「萬人」和「君王」禱告。

為「君王」與「萬人」禱告

我當年的內心充滿迷惘，世界各國的輿論不一，但還是以悲觀的評論佔多數；沒有人見過「一國兩制」的成功例子，社會主義政治和經濟制度如何與民主政治和市場經濟制度互相共融？當時有些經文給我鼓勵和指引：「我勸你，第一要為萬人懇求、禱告、代求、祝謝；為君王和一切在位的，也該如此，使我們可以敬虔、端正、平安無事的度日」（提前 2：1-2）。

「在上有權柄的，人人當順服他，因為沒有權柄不是出於神的。凡掌權的都是神所命的。所以，抗拒掌權的就是抗拒神的命；抗拒的必自取刑罰。作官的原不是叫行善的懼怕，乃是叫作惡的懼怕。你願意不懼怕掌權的嗎？你只要行善，就可得他的稱讚；因為他是神的用人，是與你有益的。你若作惡，卻當懼怕，因為他不是空空的佩劍；他是神的用人，是伸冤的，刑罰那作惡的。所以，你們必須順服，不但是因為刑罰，也是因為良心。你們納糧，也為這個緣故；因他們是神的差役，常常特管這事。凡人所當得的，就給他。當得糧的，給他納糧；當得稅的，給他上稅，當懼怕的，懼怕他；當恭敬的，恭敬他」（羅 13：1-7）。

原來「在上有權柄的」都是「神所命的」，都是「神的用人」。然而，中港兩地的掌權者，大部分都有不同的信仰，如何敬畏天上的神、又順服地上掌權者？

原來初期的使徒面對羅馬的君王，也有同樣的掙扎，他們公開表明了他們的立場：「彼得、約翰說：『聽從你們，不聽從神，這在神面前合理不合理，你們自己酌量罷！我們所看見所聽見的，不能不說』」（徒 4：19-20）。

使徒彼得清楚的教導：「務要尊敬眾人，親愛教中的弟兄，敬畏神，尊敬君王」（彼前 2：17）。原來「敬畏神」（Fear God）和「尊敬君王」是兩個不同層次的「順服」，初期的使徒為了「敬畏神」而遭遇「君王」的逼害，使徒彼得和保羅都先後因為忠於信仰和使命而殉道。

《聖經》的教導是：神是在錫安上聖山的「君王」（耶穌基督），承擔神的拯救使命，及最終審判的權柄——「我已經立我的君在錫安——我的聖山上了。受膏者說：我要傳聖旨。耶和華曾對我說：你是我的兒子，我今日生你。你求我，我就將列國賜你為基業，將地極賜你為田產。你必用鐵杖打破他們；你必將他們如同窯匠的瓦器摔碎。現在，你們君王應當省悟！你們世上的審判官該受管教！當存畏懼事奉耶和華，又當存戰兢而快樂」（詩 2：6-11）。我們要學習的是「存畏懼事奉耶和華」，並且「存戰兢而快樂。」

「王的心在耶和華手中，好像隴溝的水，隨意流轉」（箴 21：1）。

波斯王古列被神「激動」他的心，他下詔讓被擄的以色列人回歸耶路撒冷重建聖殿。「波斯王塞魯士元年，耶和華為要應驗藉耶利米口所說的話，就激動波斯王塞魯士的心，使他下詔通告全國說:『波斯王塞魯士如此說:[耶和華天上的神已將天下萬國賜給我，又囑咐我在猶大的耶路撒冷，為他建造殿宇。在你們中間凡作他子民的，可以上猶大的耶路撒冷，在耶路撒冷重建耶和華——以色列神的殿（只有他是神)。願神與這人同在。凡剩下的人，無論寄居何處，那地的人要用金銀、財物、牲畜幫助他，另外也要為耶路撒冷神的殿甘心獻上禮物]』」(拉 1：1-4)。先知以賽亞更預言古列王是神所立的「牧人」，並且是神「使列國伏在他面前」(賽 4：28；45：1-4)。

在我的禱告旅程中，明顯地偏向為「萬民禱告」:「主禱文」教導我們祈求萬民都尊天父的名為聖；神又揀選亞伯拉罕成為「多國的父」，並藉着他的「後裔」(包括主耶穌和一切信主的人）都成為萬國萬民的祝福（創 12：1-3；17：4-8)。我會為萬民祈求祝福，並且敬拜三一神。

天父啊，
只有祢才知道廿一世紀在劇變中
會成為一個怎樣的世代。
主耶穌，離開了祢，
我們如何培育「僕人領袖」呢？
聖靈啊，倚靠祢的能力，
我們才能活出「僕人領袖」的樣式
——只有活出基督的生命，
才能影響青少年的生命。
主啊，求祢每天更新我的生命，
奉主名求，阿們。

尋求廿一世紀的異象

九七回歸後，中港兩地政治、經濟、文化、體育、旅遊等互動頻繁，面對未來，我們可以如何進入青少年的生活現場，與他們同行，一同學習成為廿一世紀僕人領袖？我們的心中充滿迷惘，不知從何啟動。

迎向廿一世紀，有什麼青少年的培育模式值得我們參考？

我們開始研究一些基督徒及學者如何描繪這個新世紀。我深受 Robert Greenleaf 培育「僕人領袖」的概念和實踐影響，而這個模式在多個國家曾經實踐，並且取得可見的成效（見附錄：第六程，第 258 頁）。

最優秀的「僕人領袖」典範當然是道成肉身的主耶穌，「你們當以基督耶穌的心為心：祂本有神的形像，不以自己與神同等為強奪的；反倒虛己，取了奴僕的形像，成為人的樣式，既有人的樣子，就自己卑微，存心順服，以至於死，且死在十字架上」（腓 2：5-8）。重要的功課是學習主耶穌「虛己」、「取了奴僕的形象」，「卑微、順服」，以至於死。

主耶穌在「登山寶訓」的「八福」中，教導我們作門徒的素質，也是從「虛心」作起點，以「飢渴慕義」為目標，並且預備「為義受逼迫」（太 5：3-10）。

學效基督，以基督的心為心，及成為真正的基督門徒，不能缺少的是藉着禱告與三一神結連，任祂塑造生命。

我又發現歷代的先知和使徒都細心觀察、研究、並辨別他們的世代，及他們所服侍國家及人民的政治，經濟、道德、信仰和生活狀況。他們的禱告、宣講和服侍都是回應時代和萬民的呼喊。

主耶穌曾經責備法利賽人和撒都該人：「你們知道分辨天上的氣色，倒不能分辨這時候的神蹟」（太 16：3）。

使徒保羅形容羅馬帝國的統治是個「淫亂」、「暗昧」和「邪惡」的世代，他的回應是效法天父，像「慈愛的兒女」憑愛心行事，行在基督裏，像「光明的子女」，「要愛惜光陰」，「被聖靈充滿」（弗 5：1-20）。

由禱告到踐行

因此，我和同工們都用心研究，並向不同的學者和專家學習，細心觀察，辨別廿一世紀的大趨勢，如何影響青少年，以下是一些例子：（見附錄：第六程，第 259 頁）

- 九大文明的衝突（*The Clash of Civilizations and the Remarking of World Order*, Samuel Huntington）

- 政治發展和癱瘓（*Political Order and Political Decay: From the Industrial Revolution to the Globalisation of Democracy*, Francis Fukuyama）

- 財富與健康情況不均（*The Great Escape: Health, Wealth, and the Origins of Inequality*, Angus Deaton）

- 教育：沒有靈魂的卓越（*Excellence without a Soul: Does Liberal Education Have a Future?*, Harry Lewis）

- 家庭、社羣、召命、信仰四大領域的撕裂（*Coming Apart: The State of White America, 1960-2010*, Charles Murray）

- 數碼平台：虛假形象與內裏真相（*Everybody Lies: Big Data, New Data, and What the Internet Can Tell Us About Who We Really Are*, Seth Stephens-Davidowitz）

多年來我們透過眾多學者得到啟發，認識廿一世紀，更重要的是藉着《聖經》和聖靈辨別廿一世紀，並且在這充滿危機的政治、經濟、文化處境中尋求文化的革新、及生命的更新。

當我們學習辨別廿一世紀，並培育青少年成為廿一世紀僕人領袖的過程。我們的生命也在禱告及與三一神結連的操練中——每一天都從神領受生命更新的恩典。

天父啊，

只有祢才知道廿一世紀在劇變中

會成為一個怎樣的世代。

主耶穌，離開了祢，

我們如何培育「僕人領袖」呢？

聖靈啊，倚靠祢的能力，

我們才能活出「僕人領袖」的樣式

——只有活出基督的生命，

才能影響青少年的生命。

主啊，求祢每天更新我的生命，

奉主名求，阿們。

"Not my will, Thy will be done."

迷惘中神創路

「突破青年村」在 1996 年建成並啟用，我們第一個主辦的營會就是「國際華人青年領袖訓練營」。這個神賜的營地成為我們操練「培育廿一世紀僕人領袖」的場所。其後，在香港及國內都主辦同樣主題，不同分題的培訓營會。

我們以研究、查考《聖經》為培訓的起點，整個過程中都以個人及羣體禱告作為根基。我發現在實踐培育「僕人領袖」的行動中，我們都經歷天父的看顧、基督的同行、及聖靈的能力，禱告與行動原來是結合的。

透過「國際青年領袖訓練營」我們認識了一些國內的大學和中學老師，他們陪伴學生參與培訓營會，並因此與我們建立了一種互重、互信的夥伴關係。

上海「華東師範大學」的吳鐸教授親自到「突破青午村」探望交流，原來他與香港浸會大學有很多學術交流，持續進行兩地的青少年研究。他成為我們與「華師大」的連繫人，開啟了我們與華東師範大學的夥伴關係。

我們最初與「華師大」的學生輔導中心合作，合辦心理諮詢培訓班，我們的理念是培育當地的培訓師，讓他們承接日後的培訓工作。

後來，再應「華師大」邀請，合辦心理素質培訓，提升大學生的心理素質；更合辦了一個「青少年心理健康研究及培訓中心」，與大學領導簽署合作協議書。這項計劃得到香港的基金會贊助，也有本港和海外的專家協力主持培訓工作。

再進一步的合作，是應「華師大」校長的邀請合辦「生命教育及生涯規劃」培訓，對象是上海、四川及北京的大學心理諮詢師、心理教師和社工，再由他們在大學及中學中推動「生命教育生涯規劃」的培訓。這個項目更得到「田家炳教育基金」的贊助，開拓了更廣闊的培育青少年空間。

曠野中的道路

另一個從來沒有想像過的平台，是進入香港青少年政策的「公共空間」(public space)。

「突破青年村」啟用以來，不少香港的中學、大學老師均有到訪交流，政府教育署、社會福利署、勞工署、以至懲教署的官員都前來參觀並交流。

意想不到的是時任香港特別行政區的特首董建華先生也親自到訪，並且與同工和同學們對話、交流。後來，董先生親自邀請我成為「青年事務委員會」主席，以及香港特區政府的青年政策顧問。

接到邀請時心中忐忑不安，我從來沒有政治經驗，對青年政策釐訂了解也不多。我被神呼召成青年工作者，與「突破」同工和義工並青少年同行，共創青少年文化，並領受從神而來的生命更新。

我和太太一同禱告，她對此持開放態度，董事會給我一些反思的問題：參與青年政策的釐訂，豈不是可以為青少年的教育、就業、文化更新等議題帶來一些結構性的更新，匯聚更多財政及人力資源，影響更多青少年？

我的一位同工誠意送我一節經文：「焉知你得了王后的位份不是為現今的機會嗎」（斯 4：14）。他的意思是鼓勵我接受邀請，這是一個影響香港青年政策的機會。

我給這位同工的回應是：你為什麼不讀下一句「我若死就死吧」（斯 4：16）？我和同工、董事會、及家人多番禱告後，我戰兢地接受邀請，心中不忘：「死就死吧！」

「突破」董事會找了梁永泰弟兄接替我總幹事的職務，更聘請一位全職的助理，協助我履行「青年事務委員會」的職責。

由這個委員會起，我逐步被邀請加入多個與青少年政策相關的委員會，我的視野被開拓了：如何跨局、跨署、跨界別，並且結合政府、商界及「第三部門」（Third Sector）── 包括教育、研究專家，非政府青年工作機構、學校、和家長的力量，才能釐訂一些「可實踐、可持續、可拓展」（Actionable, Sustainable, Scalable）

的青年政策。因着擔任多個部門的青年政策顧問，亦有機會與國內的大學及政策部門合力進行一些有關青少年「生命教育、生涯規劃」的「政策行動研究」(Policy Action Research)。

神的意念高過人的意念，面對香港多變的前路，而我不住禱告的題目就是效法主耶穌的禱告。我們禱告、等候，原來是神為我們創路。

從 1996 年開始，我們與上海華東師範大學的心理諮詢師、心理老師合力進行心理諮詢、心理素質培訓。今天則是以「生命教育、生涯規劃」為主題，培訓上海、四川、北京等城市的一些老師、心理諮詢師、心理老師和社工，成為同行超過二十年的夥伴。照片是 1996 年與「華東師範大學心理諮詢中心」的負責老師合照。

這幅照片是我和在上海華東師範大學，開啟「生命教育」事工最初階段時的合照。

Ellen 和我也多次到上海支援我們的事工。這照片是「滬港校長教育研討會」中的合照，到今天我們已經和上海團隊同行二十年，盡見神的恩典！

Dr. Hans and Ago Burki 是我和 Ellen 的恩師，我們多次到這個瑞士的山上寧靜的 Rasa 靜修小村，每次二十八天，學習回歸自然，在獨處和羣體中讓三一神重整生命（Life Revision Retreat）。

禱告：呼求神

第七程：擁抱苦難，與主同行十架路（2008-2013）

阿爸父啊，

我知道我不會完全明白苦難的奧秘；

但我仍然相信祢每刻都聆聽

我有聲的禱告、或無聲的歎息。

奉主耶穌的名求，阿們。

「在世上你們有苦難……」

「我將這些事告訴你們，是要叫你們在我裏面有平安。在世上你們有苦難；但你們可以放心，我已經勝了世界」(約 16：33)。主耶穌上十字架前，坦誠地向祂的門徒預告：在世上會有苦難，其後更提醒他們會因為信仰遭逼迫。

從《聖經》的記載，自從亞當、夏娃受撒旦欺哄、引誘，與神疏離，被逐出伊甸園後，人類的歷史、包括以色列人的歷史都是充滿苦難，被埃及、四周列國的攻打，國內士師及列王管治失敗造成苦難、被擄到敵國時遭遇到的苦況。家破國亡的哀慟，第二次世界大戰六百萬猶太人被納粹屠殺。即使 1948 年以色列復國，也被四周的國家虎視眈眈，沒有寧日。

中國的歷史何嘗不是充滿分和合的災難和戰爭，我的父母也在中日戰爭中逃難，在內戰期間逃亡到香港定居。

〈啟示錄〉的預言更描繪主再來之前的重大災難。《聖經》從來沒有逃避對世上苦難的描述。我也曾因為苦難這難題尋求一些聖經神學的闡釋：唐佑之博士的《苦難神學》、魯益師（C.S. Lewis）的《痛苦的奧秘：一場思辨之旅》(*The Problem of Pain*) 及 斯托得（John Stott）的《當代基督十架》(*The Cross of Christ*)，都給我一些啟迪，我也在一本小書中分享一些我的領悟《苦，有何難？》(附錄：第七程，第 262 頁)。

主耶穌如何「勝了世界」並賜我們「平安」呢？原來祂是親身進入世界，「虛己」、「取了奴僕的形象」、「順服以至於死」、「且死在十字架上」——在十字架祂勝過操控世界的撒旦，以自己的血和生命使人可以與神復和；藉着祂，人即使在苦難中仍經歷聖靈所賜的平安，並得享永遠的生命。

神應許：縱然我們在世上一切的苦難，「都不能叫我們與神的愛隔絕」（羅 8：35-39）。

在學習禱告的旅程中，我常被世上的、個人的苦難困擾，不少人都問：慈愛、大能的神為什麼容讓這世上出現諸般苦難？中國文化主張「趨吉避凶」，近百年中國遭遇的苦難讓中國人學會逃難。「成功神學」（Prosperity Gospel）給人錯覺：只要信主，便會免受疾病、貧困、失敗等痛苦。

然而《聖經》給我們的指引：神的愛永不止息，基督常與我們同在，聖靈常住在我們心中，賜我們出人意外的平安。

最重要仍然是歸回，安息在神的慈愛裏，在神的話語中得到力量、安慰和指引。禱告讓我們每天，每刻保持與三一神同在、同行；即使在苦難中，身、心、靈都會「歎息」，全是神的恩典，讓我們得以經歷唯有神能賜平安！

青少年：可見與隱蔽的苦難

學習禱告的歷程中，我沒有忘記自己的身分是主耶穌的門徒。

主耶穌邀請門徒放下自己的主權跟從祂，並且與祂同行。「擁抱苦難」，不逃避自己經歷的苦難，並且與苦難中的人同行，與他們同到主的面前，得到醫治與更新。

Then Jesus went to work on his disciples.
"Anyone who intends to come with me has to let me lead.
You're not in the driver's seat;
I am. Don't run from suffering; embrace it.
Follow me and I'll show you how.
(Matthew 16: 24, *The Message (MSG)*)

我既然蒙召成為青少年工作者，也要認真細察青少年可見與隱蔽的苦難。在五年行醫的歷程中，最明顯的是看見疾病在青少年身上造成的苦難。多少年輕人和少年人在人生剛起步時經歷到一些不治的先天性病患、或是病症，有些是青少年自己不能自控的毒癖，或「上網成癮」造成身體、學業與前程的損害。在我成為心理輔導者的期間，更發現他們在情緒、精神、關係、學習等方面俱經歷心理創傷。

有一段日子，我和太太會接一些青少年住在我們家中，提供幾個月的蔭庇，我們察覺到青少年經歷不同程度的「家庭暴力」、無情的學業壓力，有些更經歷了「校園欺凌」，他們經歷外在「系統」(Systems and structures) 所造成的傷痕。

內裏的苦難

過去近二十年，我參與一些與政府、教育界、社福界和商界合作的「政策行動研究」，從宏觀的角度理解青少年的苦難，原來在香港有十二萬青少年「不上學、不上班」，活在挫敗和貧困的牢籠中，有 57% 的中學生有抑鬱的徵狀，其中三分一有自殺意圖，更有相當數目的少年以自殺了結自己的生命；另一個趨勢是「上網成癮」的數字持續上升。意想不到的是，當一些年輕人經歷「政治覺醒」，進行公民抗命的行動時，也遭受挫敗及被排斥的創傷。

我不敢忘記，是主耶穌差遣我，成為青少年工作者，進入青少年的苦難現場，學習與他們同行，與他們一同擁抱苦難，認識在十架上為他們承擔苦難的基督。

我將青少年成長中遭遇苦難的原因，及與他們同行的經歷寫下來，並且從《聖經》人物故事中，尋求啟迪，講述如何與苦難的青少年同行，寫成《一個都不能少》(見附錄：第七程，第 261 頁)。

我們的天父：

我們相信祢，

我只能將我的兒子廉明

要接受的手術及康復的過程交在祢手。

我們全家都需要祢所賜的平安！

奉主名求，阿們。

家庭：苦難共同體

在地上，家庭是每個人親密關係中重要的「羣體」：父母與子女是骨肉之親，兄弟情深如手足，夫妻是「二人成為一體」、一生一世同行的最親密關係。

在家庭中，每個人最美善的一面都有自然的流露，我們常會看到歌頌母愛和父愛的文學作品（冰心〈紙船〉、朱自清的〈背影〉）。然而家中一個人的「苦難」，會牽動其他親屬，病患與死亡都會引起傷痛。

在家庭中也很難掩飾人性幽暗的一面：最親的人也會爭產、爭權，離婚率不住上升；家庭中的言語、身體、甚至性侵暴力，造成子女嚴重的身心創傷……

有一位牧師曾說：「家庭是暴風雨中的避風塘；然而不少的『避風塘』裏，興起了暴風雨。」家庭——最親密的羣體，同時成為苦難的溫牀。

我生長於一個低收入的家庭，童年居住環境相當狹窄，與同一層樓宇居住的鄰舍也容易引起摩擦。然而，我沒有經歷因經濟造成的傷害或自卑，我們一家人都安然過着簡樸的生活。想不到，因為信仰的原故，造成了我和父親之間的矛盾：「沒有父親」的感覺成為我內心的「一根刺」。

我中小學的成績平平，考大學試雖然遭遇挫折，也不致造成嚴重的創傷。在學業和事業的路途上，算是順利，也是神的恩典，意想不到兒子的疾病及媳婦的病患為我帶來深刻的傷痛和禱告的學習。

當讚美進入祂的門

長子廉明在事業的路上十分暢順，得到上司的器重，夫妻相愛、兒子也活潑可愛。在他兒子四歲那一年，竟然驗出廉明腦部的「下垂體」（Pituitary Gland）長了一個相當大的良性腫瘤，壓住視力神經線，需要立刻接受割除腫瘤手術。

晴天霹靂，我和太太在廉明的家，與他太太 Shuky 和兒子恩行共聚，我打開醫生傳來的檢查報告，讀到指示要儘快進行手術，全家都陷入憂慮和懼怕當中，靜默無聲。

我打開《聖經》，朗讀〈詩篇〉23 篇，唸到「我雖然行過死蔭的幽谷，也不怕遭害。」我的眼淚奪眶而出，找不到安慰兒子和家人的話語。

我建議全家人握着手、同心為廉明禱告，恩行立即走到父親面前，伸出小手按在父親的頭上。原來他留心聽着每一句説話，每一節經文，他第一次經歷全家共同的傷痛、帶着眼淚的禱告。

當我和家人共聚在廉明的病牀邊送他進入手術室那一天，我選讀了全家都喜愛的〈詩篇〉100 篇，我是從 *Psalm 100 The Message* 英文課本朗讀的：

Know this: God is God, and God, God.
He made us; we didn't make him.
We're his people, his well-tended sheep.
Enter with the password: "Thank you ! "
Make yourselves at home, talking praise.
Thank him. Worship him.

這篇詩成為我們全家的禱告，想不到其中一句深深觸動廉明的心弦，因為他是一個新媒體的專業工作者。

Enter with the password: "Thank you ! "

廉明告訴我，他默默用這節經文禱告，帶着平安和感謝的心，進入手術室的門。他親身經歷神在病患中的同在，並且帶着「稱謝進入祂的門」(詩 100：4)。

廉明的治療和康復過程持續幾個月：兩次腦部手術，每次都長達八小時，跟進的電療二十五次，太太 Shuky 一直貼身照料，恩行亦學習為爸爸禱告。

我記得和廉明夫婦坐在醫院地底那一層的走廊等候電療，輪候的都是癌症患者和家屬，氣氛沉重、各人面帶愁容，沒有歡笑或高聲對話，都是在沉默中等候。

我心中靜思：人算什麼，每個人都會因不同原因踏上地上生命最後的一程，原來病患帶來的全家苦難，背後藏有一個永生盼望的信息。我默然為走廊中等候電療的患者和家屬禱告，不少人都會在患難中遇見神。

How long？

差不多同期，我小兒子暉明的太太美萍得了一個罕見的病症：因免疫系統失調，導致脊椎神經（Spinal Nerve）受損，造成雙腳無力，需要過着坐輪椅的生活。

我看見暉明背着美萍上落長長的階級，我也試過推着輪椅在行人擁擠的路上到醫生的診所接受診治，沿途還要不斷向途人說「對不起」，因為輪椅碰撞到行人。

美萍經歷的療程更長：月復月，年復年……我心中向神問：How Long？

多位專科醫生聯診後，都不敢斷言療程會多長，亦不願猜測是否會完全康復。我們全家和很多親友都一同學習，什麼是等候神。

神的作為出乎人意料之外，在治療的漫漫長路中，暉明太太懷孕了，他們二人喜出望外，他們一直都想得到一個兒子或女兒——醫生告訴他們：是雙胞胎！苦難中的插曲！極大的喜訊！

之後的是我畢生難忘的一幕，離預產期還有兩個月，美萍的小便驗出蛋白質，血壓急促上升，是危險的信號，將會危及胎兒甚至母親的生命。多位醫生聯診後決定立刻準備進入手術室，要為美萍剖腹取出雙胞兒子，拯救母子的生命！

進入手術室前暉明和美萍的好友，來和我們的家人共聚在手術室外的一個小空間同心禱告，將美萍和胎兒的生命完全交托在醫生團隊和天父的手中。

我懷着信心與憂慮進去等候手術的病房為美萍禱告，令我驚訝的是，美萍臉上流露平安的微笑，說她充滿信心和平安！

天父聽見我們真心的禱告：手術順利，母子平安！

手術後，美萍肺部有發炎，仍要留院接受治療，雙胞胎亦進入深切治療的歷程。先出生的恩聆只有三磅，晚一分鐘出生的恩頌有四磅重，分別在初生嬰兒的深切治療室的溫箱中住了一個和兩個月，才能回家。

整個過程中，只有謙卑學習禱告，原來喜悅和擔憂、平安和忐忑、信心和疑慮是交雜的。我更加領悟學習「不住禱告、凡事謝恩」的功課，真不容易！一切都是恩典，我自問信心仍是不足，禱告仍需學習！

苦難啊，我仍不明白你，還是不歡迎你。不過，我發現：原來苦難是一個學習禱告的另類學堂。

阿爸父啊！

國家：青少年的苦難現場

九七回歸後，神逐步為我們創路，得以進入國內青少年的苦難現場，與青少年同行，學習禱告。

與民工子弟同行

2008 年是一個重要的轉捩點，我們進入了城市工作民工家庭的現場，認識了一位基督徒學者，多年研究國內從村鎮流動到大城市的家庭和青少年。他對進入城市的民工子弟有特別深厚的感情，努力尋求如何開闢更多升學、就業的路，讓這些青少年成長創路、貢獻社會。這位學者過去十年是其中一位與我緊密同行的同工。

這位主內弟兄親自帶我到北京市郊民工居住的地方進行家訪，很難想像他們在貧困的居住環境及生活中，仍然擁有堅忍的耐力，並且願意為自己的子女付出任何的代價。

這位弟兄與他的博士研究生，合力進行一個研究，為民工子弟尋求創路的途徑（這位研究生後來也成為我們的全職同工）。

這位博士研究生探訪不同的民工家庭。有一家有三名子女，都是成績出眾的中學生。因為家庭困境，無法供三名子女繼續升學。兩位姐姐自願出去做工，合力供弟弟升學，我被這兩位少女深深感動。

有一家的年長婆婆細説他們家中的困境，不斷掉下眼淚：最終她捶胸痛哭，大聲歎息:「阿爸父啊！」那位姊妹只是擁抱着婆婆，輕輕拍她的肩膀，無聲的禱告！

後來，我們與北京的幾所大學，幾間民工子弟學校，及一些職業培訓學校合作，啟動了一項「政策行動研究」。為民工子弟提供接受培訓的資助，並且進行生命教育和生涯規劃的體驗式學習，更培育了一些大學生成為民工子弟的同行者，給他們帶來鼓勵和支援。

我曾參與這個與民工子弟同行的歷程，當中我常與他們一起探索自己的心中夢想，原來每個少年人在心底都埋藏着一個不敢表達的夢想。在他們經歷愛心同行，重拾自信時，就願意吐露心底夢：音樂家、教師、廚師、教練、設計師、出國留學……。

喜見這些民工子弟，各有不同的智能及職業性向，擁有堅強的「抗逆力」(Resilience)，及回報父母恩情的心，一個一個向着自己的夢想進發，並且有一天夢想成真。我收到這些少年人的來郵，內裏充滿真誠感激同行的字句，他們激發我更多感恩的禱告！

求主給我力量，
成為地震災區的苦難中人的鄰舍；
求祢賜我同行的夥伴。

地震：與受災青少年同行

另一個現場是四川大地震災。

我與同工原先受邀請到四川省的一個小鎮，為當地的學生進行生命教育和生涯規劃培訓，日期訂好在 2008 年 5 月下旬。

四川在 2008 年 5 月 12 日下午 2 時 30 分出現驚天動地的大地震：一千萬人失去家園，近十萬人失去生命。地震災區廣闊，數十個小城市、鎮及鄉村受災，而且災後餘震持續多天，救援工作動員了解放軍、救災人員、醫療和心理康復工作者、社會工作者、志願者，全力搶救生還者，香港及海外多國都發起支援的行動。

大地震打亂了我們原定的行程，有同工和義工建議暫時擱置原來的計劃，亦有人提議改道而行，避開所有地震及仍有餘震的地區。在多次開會討論後，我們仍未能取得一致的看法。一天晚上，我和太太一同禱告，浮現出主耶穌回應一個律法師的詢問，如何承受永生，耶穌講述了「好撒瑪利亞人」的故事。

我讀的是 *Message* 英文譯本：主耶穌提醒我要「愛鄰舍如同自己」，最重要的是不要 define neighbor（選擇鄰舍），而是要 become neighbor（成為鄰舍）（路 10：25-37, *Message* 英文譯本）。

聖靈使我感到扎心：我出生在雲南昆明，母親有很多四川籍的朋友，四川人豈不是我的鄰舍嗎？我們不是說進入國內現場，與當地的青少年同行嗎？我怎能逃避在苦難現場的「骨肉之親」，或是繞過災區而行呢？

經過禱告，Ellen 領受同樣的感動，她勸導我：「你學了三十年的輔導，豈不是為了今天嗎？」

我隨後與家人和同工分享我的感動，隨即有三位同工表示願意同行 —— 包括暉明（他是臨牀心理學家）、當了多年輔導的女同工，她也曾在上海培育當地的青少年；還有一位曾當戰地記者的同工，他覺得自己的經驗可能有助進入災區之行。

從沒想過這次進入四川多個地震災區之旅改寫了我以後十年的時間表，我只能扼要地陳述幾個重要的片段。

可以喚你一句老爹嗎？

我們到四川看見災區路上滿佈龐大的藍色臨時帳幕安置點，好像一片藍海。其中蔭庇着數以萬計失去家園的災民，他們席地而睡，沒有廚房、沒有廁所……

四川大學「華西醫院」為我們安排行程，讓我們與一些有災後心理創傷症狀的災民會談。

其中一個災民是三十多歲的壯年男士，暉明和他會談後，再邀請我和他跟進會面。他已有兩個星期沒有睡眠，沒有進食、單是喝水。每次合上眼睛，他便會重現災難那刻的恐怖情景，所以他白天在廚房當義工，晚上當義務保安，巡視那臨時安置的舊房子。

我感覺他對我們父子的信任，便大膽問他：「你閉上眼睛看見什麼？」他激動地回應：5 月 12 日下午 2 時 30 分，我在映秀鎮的地盤做工，忽然聽到爆炸般的巨響，沙塵滾滾中我回頭一望：我居住的村，我的房子、我的父母、我的愛人、我六歲的兒子，全都沒有啦！

我找不到說話回應，我坐在他身旁，只能握着他的手，靜靜望着他苦痛的臉孔，無言！他繼續講述他的故事，「我年少時很放任，交過很多女朋友。直至我遇上我的愛人，修心養性，找了正當工作，成家立室，還建了自己的房子。現在什麼都沒啦！」

忽然有敲門聲，華西醫院的專車要接我們走了。我無言、無助地站起來，我自問想不到有什麼可以安慰這位眼前的「鄰舍」。

這位男士也站起來，原來他相當高大壯健，看不出體重在兩週內輕了近三十磅。他踏前一步對我說：「我能求你一件事嗎？」

我想不到自己可以為他做什麼。

他說：「你能讓我叫你一聲『老爹』嗎？我現在什麼親人都沒有了！」

我不敢回應，我已經要走了，怎麼做他「老爹」呢？暉明在我耳邊細語：「give him a hug !」

我猶疑片刻，緩緩踏前一步，擁抱着他。他緊緊的摟抱着我！暉明也走前一步，對他說：「你知道他真是我的爸爸嗎？」

他立即鬆開雙手，轉身擁抱着暉明：「那麼，你就是我的哥哥啦！」語調中充滿喜悅！

想不到他退一步，從口袋中取出一個手提電話：「請你記下我的電話號碼。我答應你們，今天既然有兩個來自香港的人愛我，我不會死，我會回去映秀鎮，重建家園，你們一定要來探望我！」

我再沒有猶疑，立刻把電話號碼告訴他，再堅定的對他說：「我們一定會回來四川探望你！」

我知道，日後的日子、行程、工作時間表都要改寫了。

禱告中，神藉着一段重要經文讓我明白那一幕的對話，發生了什麼事：

我們既因信稱義，就藉着我們的主耶穌基督得與神相和。
我們又藉着祂，因信得進入現在所站的這恩典中，
並且歡歡喜喜盼望神的榮耀。
不但如此，就是在患難中也是歡歡喜喜的；
因為知道患難生忍耐，忍耐生老練，老練生盼望；
盼望不至於羞恥，
因為所賜給我們的聖靈將神的愛澆灌在我們心裏。
因我們還軟弱的時候，基督就按所定的日期為罪人死。
為義人死，是少有的；為仁人死，或者有敢做的。
唯有基督在我們還作罪人的時候為我們死，
神的愛就在此向我們顯明了。
（羅 5：1-8）

原來在無聲中，聖靈已將神的愛澆灌在我們現場三人的心中。

天父啊，是祢差遣我們
進入四川地震後的現場，更想不到，
我和兩個兒子廉明、暉明
竟然組成「父子兵」與「北川中學」
的師生同行。
喪失生命的北川師生叫我們哀慟，
但同時與受創的學生同行十年，
看見他們的生命被祢的慈愛感動，
重寫他們的人生路。
在苦難中，祢的慈愛仍然彰顯，
我們能夠與祢同進現場，
觀看祢的作為。
只有感恩！奉主名求，阿們。

進入苦難現場

北川鎮是四川大地震中被完全摧毀的小鎮，遺址今天已成為「地震博物館」。

每個到訪北川遺址的訪客一定會深被震撼——所有建築物至少有一半沉沒在泥土巨石之下，到處都是死難者的遺照，仍有親友在遺址中哀悼。

北川中學有約一千四百師生在地震時當場喪命。我們當年親自走進北川中學遺址（今天已拆掉了），目睹嚴重破壞的校址，到處都有學生遺下的鞋子、衣服、凌亂不堪。班房的黑板仍有老師寫的字句：「珍惜生命、切勿吸毒、用心學習……。」當年溫家寶留下四個字「多難興邦」，成為全校重建的激勵。溫總理先後到訪北川中學八次，為師生打氣，是四川重建中其中一間需要最多支援的學校。

我們被引導到北川中學的臨時校址探訪，同學們都住在臨時搭造的簡單帳篷，每個帳篷擠滿了十多個學生。我進去其中一個帳篷向學生問安、對話，並關心他們的身心狀態。想不到，他們在哀傷中仍然表現自信、積極。其中一位女同學說：「我沒有放棄要當老師的志願。」（今天她真的成為老師了。）其他都說要珍惜生命、努力學習，大部分都表達對失去同學、老師的哀慟。北川同學仍繼續在臨時搭建的課室中上課，沒有中止學習。

我有機會與校長見面，他在地震中失去親人，但仍為學校的重建到處奔波籌劃。他主動邀請我們聯合一些國內的到校支援的心理輔導團隊，為北川中學提供災後心理康復的支援。

暉明和他的團隊全情投入北川中學的心理康復支援工作，並且培育一些在地震後有心理創傷的同學成為「愛心領袖」。其後用「夢、行動」為主題與北川同學同行，直至同學畢業後仍陪伴他們踏上升學或就業的路。想不到一直同行，直到十年後的今天，仍然是生命的夥伴。

與北川同學同行有不少回憶，其中畢生難忘的一幕，讓我們在險峻的環境中，學習了求平安和成為「平安使者」的禱告。

平安使者

我和兩個兒子，還有同工決定到一位北川同學的家庭進行探訪，這個家庭的兒子因為精神狀態嚴重失控，犯了嚴重傷害同學的罪行，被政府關進監獄，全家極度哀傷。

我們到達這位同學居住的村口，當時已是日落天黑。我們致電同學的父親，他說仍要轉乘當地的客車，經過山路約三十分鐘才到達，他會在指定路口接我們。

客車載我們上山，原來是一條狹隘的石路，全車要高速前行，才不被路上的石塊阻擋。一片漆黑中再往窗外探看：一面是懸崖、另一面是峭壁。我心中發抖，不斷向主禱告：主啊，保護我們，難道我們要死在這山頭？

到達石路的盡頭，同學的父親提着一盞氣燈在等候我們，他教我們走一條捷徑，比較省時。原來所謂「徑」，只是一條下山再上山的泥路。我要兒子扶着慢步，才不會滑倒，因為山徑很濕滑而這一趟舉步維艱，也走了四十五分鐘後（不是他説的十五分鐘）。

北川同學居住的是一幢殘舊的泥房子，外面養着一頭豬和幾隻雞，是鄉村的農舍。同學的父母、婆婆和弟弟都圍桌而坐，桌上擺着他們預備的臘肉和親手造的四川小點。（我暗想，他們把最好的食物擺上，是盛情的接待。）

全家臉帶愁容，説那孩子很勤奮，深得村中師生愛戴，成績優異才能進入名校北川中學就讀高中。

我們知道這位學生情緒抑鬱，又捲入愛情糾紛，才會做出傷人的事件。結果全家整個星期都在哀傷中，連胃口、睡眠都失調。我對他們説，我們到訪，只能帶來真心的慰問，也願意為這位同學寫一封求情信，盼望當局輕判。

聖靈感動我，我説我們是相信耶穌的，想為他們祈禱，求上帝賜他們全家有心中的平安。他們點頭表示願意，於是我為這個家獻上禱告：

「賜平安的上帝啊，
我為這位北川同學禱告，也為這個家庭禱告：
求祢的愛與平安臨到這個家。
因為主耶穌願意赦免我們的過犯。
奉主名求，阿們。」

從家人的面容，我看見天父真是賜下平安。他們熱情地與我們逐一握手送別，北川同學的父親更親自陪伴我們下山，再乘車從原路回到村口。一路平安，我們車上每人內心都充滿感恩——是神賜的平安。

在山下，我立即打電話給 Ellen，述説今晚的家訪，並告訴她上山下山如何驚險，「我和廉明、暉明都在車內，差點全軍覆沒！」

Ellen 安詳地回應：「怎會全軍覆沒，我們還有三個孫兒！」我不曉得如何回應。只有感恩！

天父啊，

是祢差遣我們進入苦難現場。

在苦難中，我們經歷祢的慈愛、

醫治和更新！

祢昔日以彩虹為祝福和盼望的記號，

我們與北川中學的同學同行中，

看見祢的應許是真實的！

只有感恩！阿們。

苦難中見彩虹

我們在北川中學與北川同學的「愛心領袖」同行，每年與他們一同籌辦高中的畢業禮，向校長和全校的老師表達敬意及多年栽培之恩。有一年，還邀請加拿大的青年基督徒合辦畢業慶典，主題是「哥哥姐姐伴你行」，全場充滿愛心和感恩的歌與舞。

以後每年的畢業禮以「願望彩虹」為主題，鼓勵畢業同學將心中的願望化作行動，畫出彩虹！

十年後的今天，當年本是心靈受創、再經歷康復的「愛心領袖」，相繼在「夢行動」的主題下，各自創出彩虹般的生命與人生路。

2008 年四川大地震，北川中學是被地震嚴重打擊的一所中學，約一千四百名師生在地震中喪生。我們在地震後兩週進入北川中學的臨時板房校舍，開始與校長、師生們同行，持續到今天。同行中經歷憂傷、哀傷和創傷；同時見證愛中同行，經歷醫治。

同工曾育彪領受異象到北京，啟動了與民工子弟同行的旅程。
這幅照片是曾育彪與我和一羣可愛的的民工子弟合照。

民工子弟升學就業的路十分艱辛，他們的家境極度貧困。我與他們同行對話中，被他們的堅忍、勤奮，及充滿盼望的素質深深感動。

神差遣同工們服侍國內民工子弟和他們的家庭。照片中的年長姊妹為她家中的困苦及兒女未能上學向神呼喊：「阿爸父啊！……」只有眼淚和歎息。我的一位年輕女同工只是擁着婆婆，是沒有言語的同心歎息！

我的二媳婦身染免疫系統引發的脊椎神經發炎，失去行路的力量。再加上懷孕才八個月，便出現血壓高、腎功能受損，要緊急接受剖腹手術取出雙胞胎兒。

照片中是我和太太，弟、妹陪伴二兒子和他們夫婦的主內摯友，在醫院的等候室同心禱告，仰望天父的看顧及保護，靜候手術的結果。母親和雙胞胎都平安，惟要進入深切治療病房治療及康復。只能禱告，全是恩典。

禱告：神同行

第八程：流淚谷，愛中不獨行（2013-2015）

祢要我學習什麼功課？

晴天霹靂

2013 年是「青少年事工培訓師」(Trainers in Youth Ministries, T.Y.M.)課程啟動的一年(詳情請參第九程，第 219 至 225 頁)，但同年，也是太太發現患癌症的一年。Ellen 在檢查中被醫生發現患乳癌，課程啟動之時，她開始接受手術、化療、與電療。

我心中向天父發問，我不明白，不敢抗議！

我在 T.Y.M. 開課期間，常常要在醫院和「突破青年村」之間奔走，要與同學上課，也要用心陪伴 Ellen 同行。Ellen 反而表現得平靜。她被教會牧者安排在主日崇拜中向會眾述說病情，教會同心為她禱告。她安穩地分享病情，及預算療程，並且得知自己的癌症是惡性的，已有擴散的迹象。她在台上平靜地説：「最多是死吧！no big deal！」

對她的平靜，我不明白，我深信她內裏的平安是天父的恩典，聖靈的同在。我們二人及全家禱告時，她也是表現得平靜安穩。

我還記得在醫院等候她從手術室出來，因長時間未見她出來，心中開始焦急，護士說要在深切治療室觀察，因為她的肺功能較弱。

在幾個小時的等候中，我也不曉得如何禱告，心中確實掛慮，《聖經》不是說「應當一無掛慮嗎」？我自問真是軟弱。

終於等到護士請我進去手術後療養的病房，她已從深切治療室被送出來了。Ellen 看見我步入病房，她立即向我揮手，大聲向我說：「Wonderful！」聲音嘹亮，充滿信心，滿有平安！我心中默禱：

「神啊，祢真奇妙 —— Wonderful！」

Oh ! My God, save her !

I trust in You !

走過一關又一關

我握着 Ellen 的手，同心感謝天父，走過第一關！

我仍堅持用心與 T.Y.M. 同學一同參加「屬靈操練」及生命分享，他們都察覺我的疲累，不停為我們禱告，深信神與我們同在！

多年同工的弟兄李德誠是資深的青年工作者，他的恩賜是將「歷奇輔導」與「屬靈操練」結合，讓學員從歷奇中的體能操練及體驗中學習，同時結合「心靈歷奇」，與三一神結連。在 T.Y.M. 中，他負責同學的「共學與生命旅程」的策劃與編排。

德誠弟兄看見我的身心疲累，真的為我「捨命」，分擔了我不少策劃、教導和行政的職責。德誠弟兄因此加倍的辛勞，但沒有半句怨言，我為有一個同心禱告，彼此分擔，願意為朋友「捨命」的羣體感恩。

Ellen 的第二關：化療。經歷身體的痛苦，甚至面對生與死一線之隔的危機。Ellen 對化療的反應相當強烈，全身不適，打了針仍然嘔吐，呼吸也較急促。想不到因為身體免疫力弱，引發了病菌入侵血液，導致「細菌感染性休克」（Septic shock）。

我心中發出呼喊：

「我從心底向神呼救！是我們的大牧者，
帶 Ellen 走過死蔭的幽谷，不怕遭害，感謝天父！」

Ellen 在身體極度不適中，仍然關心她同房的癌症病人。她察覺其中一位病人的丈夫每天都送晚膳到病房慰問太太，又趕忙回家照顧家中的兒女，奔波中顯得疲累和憂心。Ellen 對我說：找個機會安慰這位有愛心的中年男士。我再學習，愛你的鄰舍。

Ellen 要再闖第三關：放射性治療（Radiotherapy），沒有痛楚，卻會影響她的呼吸，可是她本來已有輕微的肺部纖維化。結果，Ellen 的呼吸逐漸惡化，需要用口罩輸送氧氣，她並沒有氣餒，保持堅定的意志面對每一天。我們一同禱告，信心和盼望沒有動搖。

我們終於面對一個重要的抉擇，深切治療部的兩位主診醫生要與我單獨談話。他們兩人都建議 Ellen 進入深切治療病房，接受插喉輸送氧氣管進入氣管，用機器輔助呼吸。我稍為猶疑，然後堅定地回應：我寧可她留在病房用口罩供氧，因為插喉之後，Ellen 不能再和我及所有探望她的親友對話。

兩位主診醫生對我的回應感到詫異，他們回應說：我們要聽你太太的意見，由她作最終決定。我和他們一同進 Ellen 的病房，兩位醫生提出同樣的建議，Ellen 面不改容，堅定回應：「No Way！」

兩位醫生回頭向我示意：「想不到你們有共同看法，我們尊重你們的決定。」其中一位外籍的深切治療部主任到病房外對我說：「I wish one day when I face a similar situation, I have the courage to make a decision as you are doing now.」他們兩位與我握手道別。

我得到醫院同意，可以日夜都在病房陪伴 Ellen，我們的家人和好友知悉後，都一一來探訪 Ellen，給我打氣。

最後一天，我們的兒子、媳婦、長孫（雙胞小孫兒年紀太小，不能進病房），都一一向 Ellen 表達愛意，用禱告支持。Ellen 已經不能用言語回應，我們全家手牽手，我緊握 Ellen 的手為她禱告：

「阿爸父啊，祢一直與Ellen同在，祢的愛永不止息。」

我回頭看牀頭的心臟跳動和血壓顯示器，我親眼看着她心跳終止，顯示器只是呈現一條直線……我立即崩潰、放聲痛哭！家人擁抱着我，病房中只聽見我的飲泣聲！

此刻回顧：聖靈一定以說不出的歎息為我獻上禱告。

不住流淚，仍是感恩。

我真正掉進了「流淚谷」，家人為我安排 Ellen 一切的身後事，還陪我回家尋找一些文件。

我踏進家門，第一眼就看見我為 Ellen 預備的一張大大的紙卡：上面貼着蔡家四代的合照，還有我親筆寫的字句：Ellen, Welcome Home！

我急步走進客廳的長沙發椅倒下去，放聲痛哭！

我知道我沒有力量回到這個我和 Ellen 同住多年的房子，每個角落，我都看見 Ellen 的影子，整個房子都是她用心的設計。Ellen 從中山買回來的木雕小鹿，旁邊是流動的溪水和小石山，她喜愛的小松樹、蘭花、萬年青……還有睡房、洗手間和廚房每個角落的小擺設。

還有 Ellen 和我結婚後一同選上的金句木牌：

「至於我和我家，我們必定事奉耶和華。」
（書 24：15）

我們一家的金句，成為我的禱告。

我決定暫時在兩個兒子的家輪流居住。

家人和同工們為我安排 Ellen 的安息禮拜，及追思禮拜的一切。我、家人及眾親友都寫下懷念心聲，編成一本記念小書。

我表示這兩個禮拜都要分享我對 Ellen 的懷念感謝，並且向到場的親友表示謝意。可是兩次分享都不能完成我想表達的心聲，因我不能自控，在聚會中在眾人面前放聲哭泣。

我的雙胞小孫兒問爺爺：「為什麼你哭得像『怪獸』一樣？」原來他們看過《怪獸學堂》那部動漫影片。我多謝孫兒的關懷，我只能告訴他們：「我很掛念嫲嫲！」

他們說：「為什麼你現在不哭？」我柔聲告訴他們：「我通常是晚間才哭，有時深夜醒來，仍然在流淚。」

我連上班和去教會崇拜的能量都沒有，太多人問候我，我不想重複同樣的話。有人善意的安慰我：「放心，Ellen 已經在天上、在天父懷中安息！」

我心中回應：Ellen 不在我身邊，我還是可以哭泣吧，淚水成為我的禱告。

我最後決定以代禱信回應眾親友對我的關懷，他們也用電郵回應我的分享。書寫代禱信持續了很長時間，尤其在一些節日，Ellen的生辰、主懷安息的日子，及結婚周年的時候，哀慟仍然沒有完全終止。

我寫了近一百封的代禱信，在這裏登載其中幾封，正是我懷念Ellen，向天父的禱告。

各位親愛的同行代禱肢體：

天父在今晨七時將祂至愛的女兒 Ellen 接到祂的懷中，進入榮耀裏。

"Are you tired ? "... Come to me, and I will show you how to take a real rest...（太 11：28-30）

這是昨天我與 Ellen 同讀的經文，她每一天，每一口氣都經歷在基督裏的安息，今天她進入永恒的安息。

我和 Andrew、Shuky、Jonathan、Mei Ping（兒子與媳婦）、Ellen 的妹妹一直陪伴 Ellen 走最後一程，孫兒恩行深夜離開前為嫲嫲獻上一個 sweet prayer：「嫲嫲加油，天父加力量！」

我們十分哀慟，難捨最親密的伴侶，痛哭流淚中經歷祂的安慰。

原來昨天讀的經文下半部是主耶穌對我講的話：Learn the unforced rhythms of grace, fitting on you, keep company with me and you´ll learn to live freely and lightly.

Yes, to live freely and lightly, according to the "rhythm of grace"!

我們一家人從未如此親密，天父、主耶穌和聖靈沒有片刻離開，你們的愛心和禱告是我們的力量。

Ellen 已經在榮耀裏，「至於我和我家，必定事奉耶和華」，一生榮耀祂！

Shalom！

您的弟兄，with love,

蔡元雲

15 Mar 2013

各位親愛的同行者：

我最親密的太太、同行者、心靈夥伴、事主戰友在 3 月 14 日上午七時回家了，安息在天父的懷中。

我這一天內收到數不盡的短訊、電郵，帶來最真摯的愛與安慰，十分感激，不能不回應。

「耶穌哭了。……耶穌心裏又悲歎，……」（約 11：35、38）

沒有人完全明白主耶穌的眼淚；「你看祂愛這人（拉撒路）是何等懇切。」我相信主耶穌真的很愛祂的朋友，同時我感覺祂的眼淚和悲歎不止於此。

我相信主耶穌同是為祂要迎娶的「新婦」流淚，祂將要為所愛的「新婦」捨命，祂又為當代猶太人對祂的誤解和拒絕悲歎，後來祂再為耶路撒冷哀哭。

我的淚水好像缺堤一樣不能自控，Ellen 和我四十八年的情、四十三年婚姻盟約裏同行，共同作出多個生命中重大的決定，一同經歷在家中、教會中、「突破」運動中的高峰、幽谷、太陽、風雨、彩虹。情是如此的深，即使明知是短暫的分離，也是如此的痛！

我的兒媳、妹妹、妹夫、弟弟、弟婦陪我到海邊安靜，淚仍在流，中間還有無聲的歎息：是我哀慟的歎息、我知道也是「聖靈說不出的歎息」（groaning），是等候得着兒子的名分，乃是我們的身體得贖（羅 8：23）。

我收到一位主內摯友的來電，他說過去六個月他看見 Ellen 與我同行，在我臉上他看見的是：「天父為祂的獨生子所受的苦難而傷痛，為祂所『憐恤』的人哀傷。因為天父的憐憫心腸、憐恤行動，祂差獨生子耶穌上十字架，當祂聽到自己的愛子呼喊：『我的神，我的神，你為什麼離棄我。』那一刻，天父的心碎了！」

Ellen is a fighter，她到最後一口氣、最後一下心跳、最後一個眼神 —— 都沒有放棄。她不是懼怕死亡，她也說過 no regrets，她這幾個月向她摯愛的家人、朋友、盡情傾心吐意；我知道她仍然想陪伴我同行，走前面的路，打那未完的仗。

我的淚還在流，我仍在歎息，我真的不捨！ Ellen 得知自己有癌症時對我說：「感謝主，病的是我，不是你！」

我知道 Ellen 清心仰望神，委身跟隨基督，真心順服聖靈；我知道 Ellen 喜悅我堅定地走天父為我揀選的路，沒有保留地跟從基督的腳蹤，順從聖靈的指引，靠祂的能力面對每一天。

我們不預備舉辦一場大型的安息禮拜，只安排了一個親切的追思聚會：Celebration of a beautiful life！誠意邀請你們出席。

請不要送帛金，我們按 Ellen 的心意設立一個「蔡廖水玉助學基金」，為她心愛的北川中學數以千計的「孫兒、孫女」提供助學的鼓勵，她和我在這一程的事奉旅程中，主力放在培育青少年工作者。我們想在香港、國內，以至海外為基督培育新一代的「青年工作者」和「青年事工培訓師」，誠意邀請你們和我同心完成 Ellen 這個心願。

Ellen 說她活得很幸福，是「大蒙眷愛的女子」、是「天父所喜悅的女兒」，我們經歷到神的愛真是如此的真如此的深！

你們和我們同行是這麼近、這般美。

不住流淚，仍是感恩！

您的弟兄，with passion

蔡元雲

15 Mar 2013（上午 6：30）

親愛的代禱同行肢體：

In returning and rest is your salvation;

In quietness and confidence is your strength.（賽 30：15）

神的話不斷提醒我：「歸回安息，平靜安穩」，因為我實在軟弱和脆弱。

昨天，我們和蔡家、廖家的親友，及一些與 Ellen 多年的摯友在教堂內舉行了一個簡單的安息禮拜。透過神的話語（羅 8：18-39）、蔡家喜愛的詩歌（包括 *Living for Jesus*）和眾親友真心真愛的慰問，向 Ellen 表達懷念與暫別的情。神得榮耀，我們得安慰。

我在聚會中親自向三一神和眾親友，特別是向 Ellen 表白感恩和感激之情，仍是不能自控，痛哭中分享。I feel so fragile，同時一位好友激勵我：In our fragility, we have to depend on God, totally！

今天早上，神的話再勉勵我向上望、向內望及向前行：「你或向左或向右，你必聽見後邊有聲音說：『這是正路，要行在其間』」（賽 30：21）。

這節經文是四十年前，Ellen 和我等候是否投身「突破」時神賜給我們的，回顧走過的路，印證了的確是神指引我和 Ellen 一家走上事奉耶和華的路。

今天 Ellen 先回天父懷中安息，我和我家仍然倚靠聖靈，不離棄起初領受的異象，我深信 Ellen 一定喜悅我們堅定向前行。

在新的一程，我在生活中、事奉的路上都要適應沒有 Ellen 陪伴的新體驗；但我仍然確信三一神仍然指引同行，你們的禱告、支援與同行絕不能缺。

Ellen 一生活得 beautiful，我祈求一生 obedient and live for Jesus！

You have blessed me so much, may God bless you abundantly！

Love

元雲

2 Apr 2013 黃昏

給摯愛的代禱主內肢體：

主耶穌在十字架上對祂的門徒約翰說：「看，你的母親！」從此，那門徒就接她到自己家裏去了（約 19：27）。

我的媳婦有一天與我分享：她在靈修中默想主耶穌釘十字架，她心中有感動，好像主耶穌對她說：「女兒，看你的父親。」

感謝主，我的兩個兒子和媳婦都用心接待我，在居所騰出空間，讓我住在他們的家。我在哀慟中得到聖靈的安慰、家人的接待、主裏肢體的代禱和關懷，每天都經歷心靈和情緒的康復。我正在計劃遷回自己的家，同時會巡迴到兩個兒子的家中住宿，逐步恢復生活的節奏。

There´s a lot of suffering to be entered into in this world—the kind of suffering Christ takes on. I welcome the chance to take my share in the church´s part of that suffering.（西 1：24）

主耶穌親自進入苦難的世界，並在十字架上擔當我們的苦難和罪孽，祂又差遣我們進入苦難現場，見證祂的恩典和作為。

過去幾星期，我與主內的弟兄姊妹、同工和青年義工先後到甘肅的蘭州和附近的鄉鎮，還有柬埔寨金邊探訪當地的青少年與家庭，並參與一些青少年培訓事工。我親身觀察這些地方因為貧困、家庭破碎、管治上的缺失、天災、戰禍及病患所造成的苦難。同時，我深深地被感動：一些被差遣到當地服侍的青少年工作者、醫療和教育專業人士「捨己、背十架」的事奉；青少年在神的大愛中得到牧養、生命更新，即或在苦難中成長，卻是充滿喜樂和盼望。

我被呼召服侍事青少年的火再被燃點，我默默回應：「我在這裏，請差遣我。」

我正按步恢復在「突破」和教會的事奉，衷心多謝同工們在過去十個月中分擔了我手上的事工，我會按力量回歸承擔神交託給我的事奉。

在軟弱中仍然經歷神同在的力量，只有感恩。珍惜你的代禱、同行，誠心感激。

Gratefully Yours

元雲

27 May 2013

親愛的代禱與同行主內肢體：

「我們若信耶穌死而復活了，那已經在耶穌裏睡了的人，神也必將他們與耶穌一同帶來。……這樣，我們就要和主永遠同在。……主的日子來到，好像夜間的賊一樣。……所以，我們不要睡覺像別人一樣，總要警醒謹守」(帖前 4：14-5：6)。

「沒有異象，民就放肆，唯遵守律法的便為有福」(箴 29：18)。

昨天上午，在兒、媳、弟妹和兩位摯友陪伴下，我親手將 Ellen 的骨灰放進薄扶林基督教墳場的骨灰安葬之處，我的心全程平穩安靜，仍有哀傷、充滿盼望。是神的同在，神的話給我力量，我們一定再相會，Ellen 的靈仍與我同在。Ellen 對神賜的異像十分敏銳和順服——四十三年來，我們同行，從加拿大回歸、投入「突破」服侍青少年、按神指引建立「青年村」、被差到四川參與地震後社區心理康復培訓、她與幾位姊妹成立「親子會」……每一步，她和我在禱告中及羣體中共證神的異象，我踏上前路，仍順服於神的異象和祂的話語。

昨天下午，參與我一位好友太太的安息禮拜，當他分享如何與太太從相遇到相愛，並在愛中與主同行三十五年，再親自頌讀一首哀悼詩時，我默然下淚：

Should you go first and I remain, one thing I´d have you do,

Walk slowly down that long, long path, for soon I´ll follow you...

Beyond the sunset, O glad reunion

With our dear loved ones who've gone before

我的好友對太太、對家人、對朋友、對主耶穌的真情激勵了我，生命在主手中，我只能順服、跟隨基督前行，我再向主禱告：

I'll live everyday by grace, as if it is my last day; I'll walk with You every moment, guided by Your Vision, Your Word, and Your Spirit, knowing I'll live forever.

又是新的一天，再踏新的里程；有你同行，感恩！

祂活着，我們每天在基督裏：同死、同活、同行。

您的弟兄

蔡元雲

10 Sept 2013

He tells me I am His own.

禱告是：獨處中神同行

我從一些有關失去配偶的哀慟歷程的書中得到共鳴與安慰（見附錄：第八程，第 263 頁，C. S. Lewis, *A Grief observed*；Paul Kalanithi, *When Breath becomes Air*）。

一位主內摯友送我一本好書——Peter Scazzero 的 *Emotionally Healthy Spirituality*，作者認為哀傷和哀慟都是情緒健康的表現，並且在哀慟期間，與聖靈和神的愛更加接近。

雖然兒媳和孫兒真情接待，給我溫暖的支持，但我自知不應長期住在他們的家中。我堅持尊重他們的空間，特別是在管教子女上，不能夠「一國兩制」。孫兒很聰明，知道爺爺很寵他們，長孫 Wesley 最喜歡我送給他的一件 T-Shirt，上面寫着「Spoil me !」。

我回到自己的家，成為獨居長者，但十分不適應，我不會烹飪，處理家務也有困難，而且大部分時間都是獨自一人，經歷孤獨的考驗。

我開始明白為什麼常常唱一首詩歌 "In the garden"。

I come to the garden alone
While the dew is still on the roses
And the voice I hear, falling on my ear
The Son of God discloses
And He walks with me
And He talks with me
And He tells me I am His own
And the joy we share as we tarry there
None other has ever known
He speaks and the sound of His voice
Is so sweet the birds hush their singing
And the melody that He gave to me
Within my heart is ringing
And He walks with me
And He talks with me
And He tells me I am His own
And the joy we share as we tarry there
None other has ever known
I'd stay in the garden with Him
'Tho the night around me be falling
But He bids me go; through the voice of woe

His voice to me is calling
And He walks with me
And He talks with me
And He tells me I am His own
And the joy we share as we tarry there
None other has ever known

原來 Ellen 有很多獨處時間：兒子們成家立室，我經常出門，主領不同的聚會，她不能每次都陪伴我到處飛。Ellen 經歷獨處，體會主耶穌真是愛護她的「新郎」！

今天，"In the garden" 成為我喜愛的詩歌之一，主耶穌不單是我的救主和朋友，祂是我生命的主，同時是我的「新郎」。這首詩歌成了我的禱告，祂真的每天與我同行，與我對話。

我忽然更加明白主耶穌在上十字架前，給門徒留下一句珍貴的話：這節經文，常常在獨處中盤旋在我心中。「你們要分散，各歸自己的地方去，留下我獨自一人；其實我不是獨自一人，因為有父與我同在」(約 16：32)。

這幾年，我獨處（Solitude）的時間多了，更加珍惜當年 Dr. Han's Burki 教導我如何安靜、默想、默禱中享受三一神的愛與同在（下列的書，教導我如何在獨處中親近三一神，見附錄：第五程，第 255 頁、第八程，第 263 至 265 頁，*Eat This Book*、*Search for Silence*、《活在聖靈中》、*Door to Silence*、*The Selfless*

Self 等）。

我的個性本是內向，早年常經歷孤獨。今天，我十分嚮往羣體的同行和禱告（Community with Christ and other Christians），但同時我也逐漸愛上了獨處。

每天清晨早餐前安靜（聖言禱讀，Lectio Divina），是我和Ellen 開始每一天的操練，每天傍晚 Ellen 與我牽着手在家附近的海旁漫步。在安靜中求神鑑察內心，是「意識省察」（Examen）的操練。

今天，「聖言禱讀」和「意識省察」成為我獨處中的屬靈操練。

經歷苦難，難免哀傷流淚。走過「流淚谷」，經歷神更多的恩典和安慰，其中我對禱告的學習再有新的領悟和體驗。

「耶和華啊，我的心不狂傲，我的眼不高大；
重大和測不透的事，我也不敢行。我的心平穩安靜，
好像斷過奶的孩子在他母親的懷中；
我的心在我裏面真像斷過奶的孩子。
以色列啊，你當仰望耶和華，從今時直到永遠！」
（詩 131 篇）

這篇詩深藏在我心底，成為我安靜操練中，最常默默背誦的禱告。原來在天父前安靜，內心的經歷「好像斷過奶的孩子在他母親的懷中」。

Ellen 離開後，我有一段短時期沒有上班，也沒有回自己的家，讓自己逐漸平復下來。我沒有停止神召我參與的服事：在香港、國內及海外，我都經歷什麼是「苦難同行」，走進盼望。

愛中「不是獨自一人」行！

經歷過 2008 年的大地震，我們團隊和北川的師生一直同行，喜見同學們經歷醫治和更新他們長大了，並且繼續尋找自己心中的夢；將夢化作行動活出有意義的人生，北川中學的同學稱我兒子為「爸爸」，Ellen 為「奶奶」，我則是「爺爺」。今天我仍有不少「孫兒女」伴我同行。

照片是每年一次我們與全校師生同慶高中三的同學畢業，每一班的同學上台用歌、舞或短劇表達他們對老師及每一位同行者的感恩。苦難的旅程中洋溢着真情的感恩，每次的主題都是「願望彩虹」。

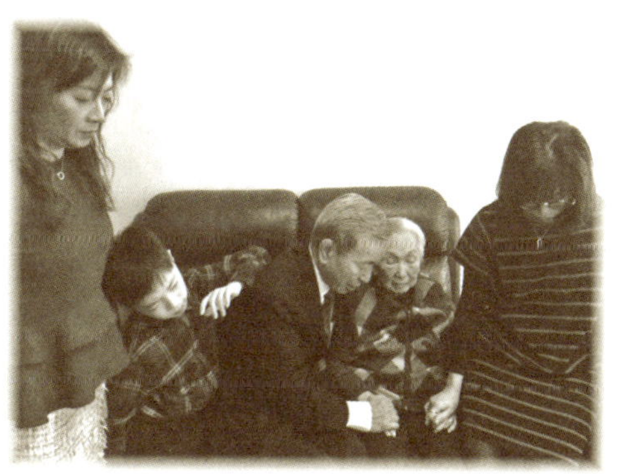

我母親已屆九十一歲高齡，是個禱告的人；每天對着廳中擺放的每個家人的照片禱告 —— 為全家四代求平安，她特別關心每個孫兒的升學和婚姻，不住為他們每一個祈禱。孫兒女們都喜歡向嫲嫲、婆婆分享他們的心聲。(照片中是我和兩位媳婦同心為我母親禱告)。

我喜愛與青年人一起靜修，在大自然的擁抱中獨處，或是集體進行生命交流；在愛中認識自己、及經歷羣體中的深交——更重要的是經歷神的同在與慈愛。

這照片是我和一些青少年一同到山上靜修，能夠數十年如一日與青少年同行，是莫大的祝福！

這是我和 Ellen 的合照，放在家中的客廳，與其他幾張家人照片放在一起。

Ellen 在 2013 年安息主懷，我掉進「流淚谷」，哀慟的路漫長，我無法控制自己湧流出來懷念的眼淚。同時，神的慈愛、家人的陪伴、摯友的代禱和同行加添我的力量。眼淚沒有淹沒聖靈所賜的平安！

在我心中，Ellen 仍是帶着開朗的微笑，她仍在我心中伴我前行。

Ellen 十分看重結婚周年的慶祝：從銀婚開始，每五年便邀請一些同行的親人和主內肢體一同感恩。照片是結婚四十周年的慶祝情況。

然而在這慶祝後不久，Ellen 便發現染上癌症，進入一條不易走的治療路程。

Ellen 沒有懼怕，我與她同行，被她的信心和平安感動，是學習禱告的旅程中不易走的一程。

Ellen 早年有一個建議，我們二人與兩個兒子的家庭在暑期抽出一個空檔，一同去旅遊。放下所有工作，共享天倫之樂。

Ellen 安息主懷，我們仍然保持這個家庭的暑期約會，共享神的慈愛和祝福。

禱告：榮耀神

第九程：直到地極，靜觀神的作為（2005-2018）

感謝天父，是祢潔淨我的心、
並且開我的眼睛。
在過去四十五年被祢差遣，
學習與青少年同行。
我真的看見祢的作為與榮耀！阿們。

「國度、權柄、榮耀」的彰顯

這是「主禱文」的應許。

復活後主耶穌向門徒宣告「大使命」，賜他們權柄、使萬民作祂的門徒，並且應許與門徒同去，直到世界的末了（太 28：18-20）。

主耶穌升天前，再應許賜聖靈給門徒：「但聖靈降臨在你們身上，你們就必得着能力，並要在耶路撒冷、猶太全地，和撒瑪利亞，直到地極，作我的見證」（徒 1：8）。倚靠聖靈，才能承傳大使命，直到地極，榮耀天父。

主耶穌降世為人，在十字架成就救恩，祂在地上已經彰顯天的榮耀，祂復活升天回到天父的榮耀裏（約 17：1-5）。

主耶穌教我們禱告，我們都學效他在地上如何禱告。

保羅被召成為外邦的使徒，承傳神的使命，他的禱告中明示，神的榮耀會藉教會和門徒彰顯在地上（弗 3：14-21）：

「因此，我在父面前屈膝，求祂按着祂豐盛的榮耀，
藉着祂的靈，叫你們心裏的力量剛強起來，
使基督因你們的信，住在你們心裏，叫你們的愛心
有根有基，能以和眾聖徒一同明白基督的愛
是何等長闊高深，並知道這愛是過於人所能測度的，
便叫神一切所充滿的，充滿了你們。
神能照着運行在我們心裏的大力，
充充足足的成就一切超過我們所求所想的。
但願他在教會中，並在基督耶穌裏，得着榮耀，
直到世世代代，永永遠遠。阿們。」

保羅是禱告的人，他的禱告也成為我的禱告，禱告中我們可以看見神的榮耀。

莊稼的主，是祢的揀選和差遣，
這些年間，我在香港、國內、
以至海外多個城市中，
有份參與祢的工作，
讓我在青少年與他們的家庭中，
看見祢醫治、救贖、生命及
文化更新的奇妙作為
——是三一神彰顯的榮耀！阿們。

諸天述説神的榮耀

「諸天述説神的榮耀；穹蒼傳揚他的手段。這日到那日發出言語；這夜到那夜傳出知識。無言無語，也無聲音可聽。它的量帶通遍天下，它的言語傳到地極。神在其間為太陽安設帳幕；太陽如同新郎出洞房，又如勇士歡然奔路。它從天這邊出來，繞到天那邊，沒有一物被隱藏不得它的熱氣」(詩 19：1-6)。

神藉着創造天地、海洋、月亮、星宿彰顯祂的榮耀。舊約記載，神邀約祂的僕人到山上見面，摩西和以利亞多次登山與主相遇。主耶穌亦常與門徒上山，下海、或退到曠野，在大自然的幽美和寧靜中與天父相遇、相交。可是我們城市人住在三合土森林，出入都是五光十色的商場，看不見神創造的榮耀。

難怪我的恩師 Dr. Han's Bukie 最喜愛退修到長洲登山、面向寧靜海洋靜修。他走到瑞士的靜修地，在遠離繁囂的山上，他還陪伴我們漫步叢林，走上冰川，回歸寧靜，領會 Be Still and know that I am God（詩 46：10)。

感謝主，「突破青年村」在山上建造 —— 背山面海，跨過村後的一條小溪，便踏足連綿不絕的山丘，可以通往馬鞍山，遙望西貢。

我在假期獨處或是與同工或義工靜修，也選擇退到山上，或是到西貢，租借一艘「帆船事工」的小船出海，享受神賜的寧靜。

多位屬靈導師教導「聖言禱讀」及「意識省察」，逐步成為我每天的操練、生活的一部分，在安靜中經歷神的慈愛和更新，並且在「默觀」（Contemplation）中看見祂的榮耀。

我在操練「默觀」時喜歡先讀〈詩篇〉131 篇，再讓自己的注意力融合在自己的呼吸節奏中，我亦會默唸 “Maranatha”（主願祢來）不讓腦袋中的思緒奪去心中的寧靜。

「默觀」是沒有言語的禱告，期間不是尋求神特殊的啟示，或是追求一種情緒上的經歷，只是與主同在的「休息」。「默觀」是安靜享受神的愛，亦讓神洗滌心靈，擦亮眼睛。（見附錄：第九程，第 264 頁，Laurence Freeman, *The Selfless Self*）

清心的人有福了

從主耶穌的「使命宣言」（賽 61：1；路 4：18-19），我學習在主所關注的人羣中觀看神的作為：

- 肉身及心靈「貧窮」的人；

- 內裏「傷心」的人；

- 肉體或心靈「瞎眼」的人；

- 身體或慾望「被擄」的人；

- 受不公義制度「壓制」的人；

聖靈會擦亮我們的眼睛，「意識省察」是一種屬靈操練，每天敞開生命，讓主鑑察，才能被主潔淨：不潔的言語和行為、恨弟兄的心、愛世界的慾念……天天求主赦免！我學習不要含怒到日落，不給魔鬼留地步——每一天都要認罪，求主赦免。

我的恩師 Dr. Han's Burki 教導我與主同行是 Day by day、Moment by moment 的操練。從前我每天和太太一同「聖言禱讀」，今天雖只能獨處操練，但個人靜修及與主「羣體」的同心禱告或退修十分重要。沒有天天活在神的愛中，又怎能愛我的「鄰舍」呢？

我發現往往是人的自我中心，及心中隱藏的罪孽，使自己看不見神的榮耀。

從主耶穌「登山寶訓」、「八福」的教導中，我領悟到，先要謙卑地放下自己——虛心，再順從聖靈感動——哀慟中認罪，讓基督潔淨自己的心，聖靈擦亮自己的眼睛，才能「清心」看見神的作為和榮耀。

一切都是恩典，只有感恩！

主耶穌，我知道祢曾應許：
祢必再來，戰勝那惡者，
再造「新天新地」；
然而，祢曾指示；
「這福音要傳到地極，末期才來臨」。
是祢的帶領，我們發現「咖啡與生命」、
「數碼智能與生命」、
「青少年培訓師培訓計劃」等事工，
真是從香港、國內、台灣、北美、
澳洲、泰國、印度、加納等地
各大城市都啟動了事工。
我們學習等候祢、
按祢的指引前行，
在安靜與行動中觀看祢的作為、
見證祢的榮耀。
我們敬拜、順服祢！
國度、權柄、榮耀，全是父的，
直到永遠。

神在地上的行動與「羣體」中彰顯榮耀

「所以，你們禱告要這樣說：我們在天上的父，願人都尊你的名為聖。願你的國降臨；願你的旨意行在地上，如同行在天上。我們日用的飲食，今日賜給我們。免我們的債，如同我們免了人的債。不叫我們遇見試探；救我們脫離兇惡。因為國度、權柄、榮耀，全是你的直到永遠。阿們」（太 6：9-13）。

神在「主禱文」中應許：「神的國降臨」、「神的旨意行在地上，如同行在天上」。

靜觀神的榮耀，不單是在寧靜中舉目觀看神創造奇工；更要以「清心」放眼世界，看神的國如何降臨、神的旨意如何行在地上，還有神如何邀請「基督的教會」承傳祂的使命。

關鍵仍然是「清心」，否則我們會被地上的幽暗，掩蓋了神的「光明」；也會被人的活動吸引注意力，未能看見神的作為，及教會與眾聖徒如何在世上成為神的光。

「光明」與「黑暗」之爭，是一場屬靈爭戰：「我們知道，我們是屬神的，全世界都臥在那惡者手下」（約壹 5：19）。

使徒約翰在〈約翰壹書〉中詳細描繪這場屬靈爭戰：

- 恨弟兄的，會使「眼睛瞎了」:「再者，我寫給你們的是一條新命令，在主是真的，在你們也是真的；因為黑暗漸漸過去，真光已經照耀。人若說自己在光明中，卻恨他的弟兄，他到如今還是在黑暗裏。愛弟兄的，就是住在光明中，在他並沒有絆跌的緣由。唯獨恨弟兄的是在黑暗裏，且在黑暗裏行，也不知道往哪裏去，因為黑暗叫他眼睛瞎了」（約壹 2：8-11）。

- 愛世界，會失去「愛父的心」:「不要愛世界和世界上的事。人若愛世界，愛父的心就不在他裏面了。因為，凡世界上的事，就像肉體的情慾、眼目的情慾，並今生的驕傲，都不是從父來的，乃是從世界來的。這世界和其上的情慾都要過去，唯獨遵行神旨意的，是永遠常存」（約壹 2：15-17）。

- 「在我們裏面的」，勝過「那在世上的」:「小子們哪，你們是屬神的，並且勝了他們；因為那在你們裏面的，比那在世界上的更大。他們是屬世界的，所以論世界的事，世人也聽從他們。我們是屬神的，認識神的就聽從我們；不屬神的就不聽從我們。從此我們可以認出真理的靈和謬妄的靈來」（約壹 4：4-6）。

神的應許，激勵我們憑信心跟隨基督，在地上承傳神的使命，我們絕不能憑自己的計謀和力量承擔神交託的使命。

「靈命塑造」是神的恩典，我們藉着每日的「敬虔操練」與三一神緊密同行，與主裏的肢體共建屬基督的「羣體」，再按神的心意被差進入充滿苦難的幽暗世界，與神同工，在行動中靜觀神的作為與榮耀（見附錄：第六程，第 257 頁，《我看見神的作為》）。

「Maranatha, 主願祢來。」

這是我每天不同時刻中經常操練的「不住禱告」。

過去兩年，我每月一次，與我的兒媳及幾位好友的第二代，定期查考〈啟示錄〉。讓我們活在世上諸般苦難中，憑信心帶着「盼望」，遙遙觀看主再來成就永恆的榮耀：天上地上一切被造的都在基督裏同歸於一！（見附錄：第九程，第 268 頁，Hans Urs von Balthasar, *Prayer*）

「我又看見一個新天新地；
因為先前的天地已經過去了，海也不再有了。
我又看見聖城新耶路撒冷由神那裏從天而降，
預備好了，就如新婦妝飾整齊，等候丈夫。
我聽見有大聲音從寶座出來說：
『看哪，神的帳幕在人間。
他要與人同住，他們要作他的子民。

神要親自與他們同在，作他們的神。
神要擦去他們一切的眼淚；
不再有死亡，也不再有悲哀、哭號、疼痛，
因為以前的事都過去了。』
坐寶座的說：『看哪，我將一切都更新了！』
又說：『你要寫上；因這些話是可信的，是真實的！』
他又對我說，都成了！
我是阿拉法，我是俄梅戛，我是初，我是終。
我要將生命泉的水白白賜給那口渴的人喝。
得勝的，必承受這些為業：
我要作他的神，他要作我的兒子。』」
（啟 21：1-7）

透過使徒約翰的眼睛，我也用信心的眼睛看見神應許的終末榮耀。（見附錄：第九程，第 271 至 272 頁，*Reversed Thunder*、《盼望的話語》、《啟示錄：萬主之主》。）

「主耶穌，祢曾坦誠地對門徒說：
世上有苦難，又邀請門徒『背起十字架』、擁抱苦難，
緊緊的跟從祢的腳蹤。
在意想不到的時刻，我經歷 Ellen 離世的哀慟、
又學習與四川大地震後的受災青少年苦難中同行，
並且在青少年從教會流失的傷痛中，
啟動了『青少年工作培訓師』的培育旅程。

原來聖靈一直用『說不出的歎息』為我們禱告。
主耶穌，祢一直是與我們共負一軛、
是與我們共苦同行的主。
經歷了天父不離不棄的愛，無言感激！」

2013 年是我學習禱告中另一程，其中充滿痛心的禱告。眼見香港教會持續呈現青少年流失的現象，也是由痛心的禱告啟動了青少年牧者和導師培訓的試驗，然後羣體的禱告啟動了 2013 年「青少年事工培訓師」的培訓課程和旅程。

同年，也是太太 Ellen 發現患癌的一年，禱告操練中夾雜着為 Ellen 的病擔憂與操心，同時見證與同工培育一羣有心志的「青少年事工培訓師」的喜悅和戰兢。禱告中，內心的感情像打翻的「五味架」：什麼味道都混雜在心中，卻不能掩蓋聖靈同在的平安！

讓青年人到我這裏來

2004 年，「突破」聯同一些教會合辦了一個研討會：「教會的明天」。我們相信，倘若青少年從教會流失，將會打擊神藉着教會承傳的使命。

「教會的明天」匯聚來自香港眾教會的牧者、青少年導師、青少年、還有關心青少年的父母，人數超過一千人。

從講者在台上的分享和對話，及台下參與者的回應中，都看到大家着重如何培育教會中的青少年，成為教會明天的接棒人，承傳神的使命。同時，大家都因為青少年持續從教會流走，感到困惑和擔憂。

「教會更新運動」每五年一次的教會普查提供實證，指青少年流失的現象十年來都持續：晉升大學後及進入職場這兩個人生轉捩點中，流失最為嚴重。

從普查中又發現，眾多教會都缺少專職青少年牧養的牧者，而且青少年牧者通常在任職兩年內便會轉崗位，轉而牧養中年或長者信徒。另一現象是青少年導師奇缺，他們因職場工作繁重，再加上缺乏培訓而未能持續成為導師，與青少年同行。教會中的「門徒訓練」不少只是傳遞知識的「課程」，更欠缺了生命與朋輩的培育。

誰來當青少年導師？

有一位在「突破」與我同工超過二十載的青年工作者謝文策，是一位禱告的人。他常說：「我愛坐在一張小椅子上，觀看神的作為。」

他加入「突破」成為同工前，已向我表白：準備委身前線青少年培訓事工十年。十年後，他再向我表白心願：願意在「突破」再事奉十年。十年過去，他仍是同一句 —— 再十年！

他不單熱愛大自然，與青少年上山下海，又透過神的創造，用體驗式的活動培育青少年的生命素質和活動技能。他又是足球健將、乒乓球高手，青少年都對他心悅誠服，同工們亦樂於與他共事。他看見天水圍青少年的需要，便聯同他的隊工和義工，到天水圍與當地教會結為夥伴：培育當地的青少年工作者，再與青少年合作，共同主辦「天水圍青年節」，讓青少年成為主角，關心社區的需要。

他領受異象，啟動了一個「1+4」培育教會青少年牧者及導師的培訓課程，「1」是青少年牧者，連同「4」位青少年導師或組長。結果有八間不同背境、人數或多或少的堂會組隊報名參加。

「1+4」培育課程為期三年，之後再有三年跟進工作。期間我們取得寶貴的培訓經驗及一些可見的成效。可惜的是，有些教會的青少年牧者事工纏身，未能全然投入。亦有部分青少年導師因為工作及教會事奉身心疲累，不能全心學習，並且有些中途退出。「1+4」為我們累積一些珍貴經驗，其後整理成書（見附錄：第九程，第 272 頁，《牧養新世代》）。

我有一天接到文策的太太來電：謝文策心臟病突發，在家中安息主懷。我極度震驚和哀慟，淚中無言。謝文策的生命在我和同工、義工心中都留下不能磨滅的痕迹。

文策離去後，我們有份參與「1+4」培訓事工的同工定期匯聚，為青少年的工作交流禱告。就在「1+4」結束後，有一天淑潔向我分享她的感動。淑潔從「突破」雜誌出版初期已是義工，後來成為出版部書籍總編輯。「突破」青年營會「國際華人青年領袖培訓營」的內容和程序，淑潔也是主要策劃人之一。其後我們與上海華東師範大學合作，培育心理諮詢師，和「心理素質」培訓，她都是主力同工之一。

她從我們在國內進行培訓工作多年，見到一定果效。只是她觀察到國內基督徒的青年工作者缺乏較全面的生命與使命的培育，需要裝備成為青少年門徒培育者，並且學習承傳神的使命。

她的分享觸動我們為青少年工作者培育同心禱告，我們持續一同等候、禱告，並且開始與一些神學院交流分享。

羣體的禱告

「青少年事工培訓師」的構思在禱告中逐漸有同心的確認，我深信啟動 T.Y.M.（Trainers in Youth Ministries）的感動是從神而來，也是神回應我們為青少年信徒流失所發出的呼喊。

我們的領受是，T.Y.M. 不單是一個學習課程，更是一個生命被神更新的旅程 —— 目標是建立一個「使命羣體」，為要培育「青年使命門徒」，承擔「神的使命」，榮耀三一神（我們按《聖經》指引為這個羣體整理命名：「基督門徒的使命羣體」，Missional Community of Disciples, M.C.D.）。

經過「1+4」培訓課程的操練，再經歷羣體禱告的等候和印證，又得到神為我們招聚一個同心合意的培訓羣體，T.Y.M. 培育課程和旅程終於在 2013 年啟動了。集合了一羣有同樣心志的教師、生命導師、心理諮詢師及有神學教育恩賜、行政管理能力的同工和義工。培訓內容包括靈命操練、門徒培育、認識與實踐神的使命、青少年成長、青少年文化，及青少年事工與使命實習等。（見附錄：第九程，第 267 頁的圖表）想不到 T.Y.M. 第一屆的參與者包括來自香港、國內、澳洲、加拿大等地的青少年牧者、青年工作機構的同工，亦有在大學任教的講師，真是一個跨代、跨文化的「基督門徒使命羣體」。

我有一種說不出的雀躍，一個異象化成行動，同時內心戰戰兢兢。我們從未嘗試於一個共學與生命長線同行旅程中，結合眾多元素。這是個每年兩次，每次兩週的密集課程，要修業五年才畢業。各位同工要積極備課，同時保持生命結連，同心禱告，在時間的編排上相當吃力。畢業後仍需師生同行，探索如何在神引領下共建一個「基督門徒使命羣體」，並在各地培育青年使命門徒，承擔神的使命。

不經不覺，T.Y.M. 的培育課程旅程已進入第五年，培訓了近五十位來自香港、國內、澳洲、美加和台灣的青少年牧者和工作者，開始在各地共建「基督門徒的使命羣體」，栽培青少年成為基督門徒、承傳神的使命。

主耶穌成為人，祂藉着不住的禱告與天父和聖靈每一刻結連；祂如何為使徒、為萬人禱告，都成為我們學效的典範（見附錄：第八程，第 266 頁，Eugene Peterson, *Praying with Jesus*）。

主耶穌的「大祭司」禱告：

「我不但為這些人祈求，
也為那些因他們的話信我的人祈求，
使他們都合而一。
正如祢父在我裏面，我在祢裏面，
使他們也在我們裏面、叫世人可以信祢差了我來。

祢所賜給我的榮耀，我已賜給他們、
使他們合而為一，像我們合而為一。
我在他們裏面，祢在我裏面，
使他們完完全全的合而為一，
叫世人知道祢差了我來，
也知道祢愛他們如同愛我一樣。
父啊，我在哪裏，願祢所賜給我的人
也同我在那裏，叫他們看見祢所賜給我的榮耀；
因為創立世界以前、祢已經愛我了。
公義的父啊，世人未曾認識祢，我卻認識祢；
這些人也知道祢差了我來。
我已將祢的名指示他們，還要指示他們，
使祢所愛我的愛在他們裏面，我也在他們裏面。」
（約 17：20-26）

主耶穌為信主的人懇切禱告，祂的禱告給我們啟示，也讓我們按祂的心意與三一神結連，在祂的愛中成為一個「合而為一」、「彼此相愛」、「同心禱告」的「使命羣體」。故此羣體的禱告仍是我學習禱告中十分珍視的一環：基督的羣體是個與三一神結連，彼此相愛、同心禱告的羣體。

求神將錦田這地賜給我們，
讓這裏的青少年與家庭得見神的光，
經歷基督的愛。

錦田：在多元種族的人身上，看見神的榮耀

在香港居住多年，從未到過錦田。想不到過去兩年，我和同工們在這個「低端地球村」（兒子暉明給這小鎮起名）中，見證神的榮耀。

一位已離世的鄉紳鄧伯裘的後人，留下一筆遺產，請家人邀請我們到錦田建立一所圖書館記念先人，同時成為當地青少年聚腳地。 這位鄧氏家族的後人親自來港與我和暉明會面，陳述他們對錦田青少年的關懷，盼望這筆捐款發揮啟動性的作用，他們更指明捐款不能用作租金；只是資助人力資源及各項培育青少年與家庭的活動。鼓勵他們用心向學，尋找適合自己的出路。

暉明和幾位同工細心研究錦田歷史、人口結構、未來發展，及青少年的需要。才發現錦田從宋朝以來，留下豐富的文化遺產，吉慶圍是其中一個景點。

想不到除了原居民外，錦田還有從內地新來港的「雙非兒童」（父母都沒有香港居留權）、尼泊爾人（在英政府時協助守護香港的軍兵後裔）、南亞裔人、沒有居留權的非洲人，還有從城市遷入的香港市民——真是「地球村」！

暉明的團隊深入錦田、走訪各學校社團、教會及社福機構，見鎮上在球場遊樂、在街頭徘徊的青少年、還有那些不同族裔的寄居者，每一位都感動他們的心。

暉明被一段經文深深觸動：

「於是王要向那右邊的說：『你們這蒙我父賜福的，
可來承受那創世以來為你們所預備的國；
因為我餓了，你們給我吃，渴了，你們給我喝；
我作客旅，你們留我住；我赤身露體，你們給我穿；
我病了，你們看顧我；我在監裏，你們來看我。』
義人就回答說：『主啊，
我們什麼時候見你餓了，給你喫，渴了，給你喝，
什麼時候見你作客旅，留你住，或是赤身露體，給你穿？
又什麼時候見你病了，或是在監裏，來看你呢？』
王要回答說：『我實在告訴你們，
這些事你們既作在我這弟兄中一個最小的身上，
就是作在我身上了。』」
（太 25：34-40）

這段經文擦亮了他們團隊的眼睛，他們看見錦田青少年與家庭的真正需要，願意回應神的差遣：進到錦田，成為當地居民的鄰舍，以基督的愛回應不同族裔的需要。

他們經過禱告，其中幾位同工更決定遷進錦田，住在他們中間。

天父聽了同工們的禱告：錦田一間尼泊爾人的教會願意無條件將他們的一座房子給我們改建成為「錦田青年中心」，更有一所圖書館和一間咖啡室，可以培育青少年成為具資格的咖啡師。

錦田的鄉事委員會更樂意將一層已經關閉多年的圖書館免租給我們使用，成為匯聚青少年的溫習室，可舉辦各種展覽和文化活動，成為「錦田青少年文化中心」。

有心人的聚合

神感動更多人，用心培育錦田青年，並祝福他們的家庭。這些有心人包括：

- 兩位青年籃球教練加入錦田團隊，幾個月內成立了一支錦田「熱血籃球隊」，並組織了區內的青少年跨校籃球賽。青少年的球技顯著進步，更重要的是他們的言語、品格、紀律也進步了！

- 更多專業咖啡師加入團隊，眾同工都考獲國際認可的培訓師資歷，目的是培育有心的青少年成為咖啡師，同時栽培他們的生命素質（「咖啡 + 生命」事工）。

- 另一支生力軍進駐錦田，為當地的青少年提供創意與動漫製作的培訓，並且陪伴他們開創生涯規劃路，亦師亦友（「創意 + 生命」事工）。

- 幾間小學的校長和老師願意成為夥伴，推動全人關懷學生和家長，並且在信仰上栽培青少年的生命。推動家長教育，促進親子關係，使青少年重拾自信、讀書的動力，並且認真尋找自己的心中夢想。

- 熟悉當地文化的人，帶領青少年親訪錦田的文化遺產場所，講述歷史故事，栽培青少年以攝影或繪畫成為文化保育的生力軍。

- 錦田鄉事委員會領導全人投入，斥資將舊圖書館拆除重建，將新建的兩層樓宇免租給錦田團隊使用，樓下成立咖啡室及青少年與家長交流的地方，二樓成為「動漫與生命培育中心」。

新樓宇命名為「錦田青年中心」，錦田鄉事會更擺設二百桌「盤菜」宴，廣邀全鎮居民及元朗的政府官員，鄭重介紹「錦田青年中心」成立的目標。

我加入「突破」以來，從未籌辦過一個如此盛大的「異象分享會」，我們看見神的榮耀臨到錦田：不單是為眾多的青少年與家長辦培育活動，更在錦田各界別、不同年齡、多元族裔的居民面前看見生命更新的面貌，更見到家庭復和的起步。

一切都是剛開始，是神的權柄讓不可能的事發生，而且只有基督能使人的生命更新，彰顯神的榮耀！

我的禱告：

「天父啊，我們做夢都沒有到過錦田，
是祢招聚不同族裔的人，在這小鎮成為鄰居；
是祢差遣我們到他們中間，成為他們的朋友。」

差遣的主，

是祢為我們在各地「開門」，

又匯聚同心合意的使命夥伴。

我們聽見祢的呼召，

願意謙卑順服回應——

請差遣我們！阿們。

神的差遣不可測度

昔日主耶穌頒佈「大使命」，應許賜聖靈給信徒，直到地極作基督的見證。然後安提阿教會，成為第一間差傳的教會。教會的帶領團隊包括多元民族，其中有巴拿巴和掃羅，經過禁食禱告，被聖靈感動差遣，開始了差傳的行動；短短三十年間，使徒和第一代門徒的腳蹤踏遍羅馬帝國的主要城市，再由城市將福音傳到鄉鎮。

今日，神的差遣同樣不可測度，在過去幾年間，我們按神心意啟動的幾項事工，竟然到達一些我們從未想像的地方。神的作為實在奇妙：一小撮同工和義工在禱告中領受異象，戰兢地從本地踏出第一步，在神帶領下同行。然後，差遣的主在各地為我們預備有相同感動的夥伴。我們順服神的差遣，突破自己的安舒區，看見神的奇妙作為與榮耀。

上文提到的「咖啡 + 生命」事工，從錦田開始，藉着開設咖啡室和咖啡師培訓，配合生命培育，祝福當地不同族裔的青少年和家庭。今天已在九龍佐敦的「突破書廊」、四川溫江的大學城啟動了相同的事工；並且將會在觀塘、泰國曼谷、非洲馬達加斯加等地建立夥伴。

近年啟動的「編碼＋生命」（Creative Coding for Change）事工，最初在香港的中學開展，服侍新來港學童，初見成效。新的夥伴相繼出現：深圳、加納、孟買等地也開展類似事工，讓各地的青少年在數碼年代找到自己的「召命」(vocation)，並且經歷生命更新。

禱告是：學習安息

然而要看見「國度、權柄、榮耀」的彰顯，不能忘記神的邀請：「你們要休息，知道我是神」(詩 46：10)。

「安息」的操練是 Ellen 給我的提醒，她發現我每逢週六和週日經常講道或參加會議，並沒有真正的「安息」。我接納她的建議，將星期一定為我的安息日。那一天，我會放下日常工作，有時與 Ellen 到海灘或郊野同享神的創造，請教練指導我操練肌肉及拉筋運動，我發現身體的狀態影響屬靈的操練，不可輕看。另外，睡眠也影響自己的心靈狀態，我在這方面也保持一定的紀律：每晚十時上牀，睡前先有 Examen 的操練；晨早六時左右起牀，先有 Lectio Divina 的操練。保持每天從舊約到新約，按章靈修，保持對全本《聖經》的定期閱讀與默想——「好像一棵樹栽在溪水旁」。

「安息日」的謹守是神的誡命，讓我們得享神的愛、同在及身心靈的歇息，作息的節奏均衡，減低我們耗盡（burn out）的危機。

我不斷學習在工作及講道中，全心倚靠聖靈，原來每一刻都可以得享與神同在、同行、同工的「安息」。我們生活中每個環節都當存敬畏的心而活，每一刻都成為禱告和敬拜。

「安息」與禱告的操練，是一生的功課，是要信靠神的恩典。我真的渴慕清心與主同行，看見神的作為與榮耀（見附錄：第九程，第 268 頁，Abraham Heschel, *The Sabbath*）。

在元朗「錦田」看見神的奇妙作為。

錦田區的領導十分慷慨，將一座舊的建築物拆去重建，成為「錦田青年中心」，我們在這中心啟動了青少年與家庭的培育工作。從建築到裝修一切費用都由錦田的領導們承擔；而且租金全免，超越我們所想所求！

這照片是「錦田鄉事委員會」為「錦田青年中心」啟用舉行的慶典。我和兒子及一位同工都被邀請到台上分享「錦田青年中心」的異象和使命。盡是感恩！

從沒想像過一個如此感人的場面：「錦田青年中心」落成及啟用慶典，全錦田的居民及元朗一些官員都出席感恩會。筵開二百席「盤菜宴」，喜氣洋洋。

從沒想過「錦田」成為我們與該區的多元族裔青少年與家庭同行的匯聚點。「錦田」的鄧氏家族邀請我們進入該區培育當地的青少年，原來當地除了本地青年人，還有尼泊爾裔、南亞裔，及來自國內的青少年。錦田區的地區領導將一個荒廢了的圖書館免費讓我們使用，成為一個「錦田青少年文化中心」。

這幅照片是我和同工、義工和家人在這個「文化中心」同心禱告，啟動了我們服侍「錦田」的旅程。

柬埔寨（Cambodia）

我和同工曾經與青年人同行到柬埔寨，親身體驗這個經歷「種族大屠殺」及內戰、貧窮、人口販賣等苦難的國家。然而，我們看見當中有宣教士及本地同工建立的教育、職業培訓及心理治療服侍模式，深入栽培當地青少年。到今天我們仍然與當地同工結連，看見神的奇妙作為。

加納（Ghana）

曾育彪曾經在少年期與家人移民加納，後來他到美國進修，取得多項專業的訓練。他成為我的同工後，仍然帶領同工及青年人回到他成長之地，與當地的教育及職業培育機構結為夥伴，培育當地的青少年。我們與當地的培育機構結為夥伴，讓香港的青年人學習跨文化的服侍。

印度（India）
我的同工 Joni 專長是培育青年人進入跨文化現場，學習成為僕人領袖及使命門徒。我也曾與同工和青年人同行，進入一些最貧困的地區，喜見當地年輕人的勤奮學習、願意接受裝備，找到自己的生涯路，創出有意義的人生。我的心被他們激勵！

曼谷（Bangkok）
暉明啟動了「咖啡 + 生命」的培育青少年事工，今天除了在錦田外，已延伸到曼谷，與當地同工和教會合作，創建另一個「咖啡 + 生命」的培育基地，為當地青少年提供生命與生涯規劃的培訓。

附錄：
學習祈禱參考書

我喜歡閱讀，藉閱讀開拓視野，也從一些聖徒的傳記中學習他們如何為主而活；不少聖徒都將他們學習禱告的領悟編撰成書，成為後來信徒的祝福。要明白這萬變的世代，不同專業的學者的研究和著作，都很有啟發性；但是要從《聖經》的教導辨別這些書籍的立論。

近年來，不少基督徒作者都再思屬靈操練的意義和實踐，對我學習禱告有很深的影響。

禱告不單是讓我們認識神、親近神，更緊密地與神每一天，每一刻同在、同行；不容忽視的是禱告讓我們明白神的使命、神在這代的作為，觀看神的「國度、權柄、榮耀」彰顯在地上，直到地極。祈禱讓我們再將生命獻上成為活祭；並且按神的心意、承傳神的使命。

我在附錄中選擇了一些珍貴的好書：讓願意進深學習禱告的主內肢體，有一些可供參閱的書籍。

讀書最重要的是在安靜中謙卑反思；並且求聖靈幫助，將所學習的付諸實踐。我亦嘗試將領悟的編撰成為可供青少年閱讀的書；因為我的召命是青少年工作者，因此，在附錄中，也選了幾本我撰寫的書。

第一程：啟行，童心的祈求（1962-1964）

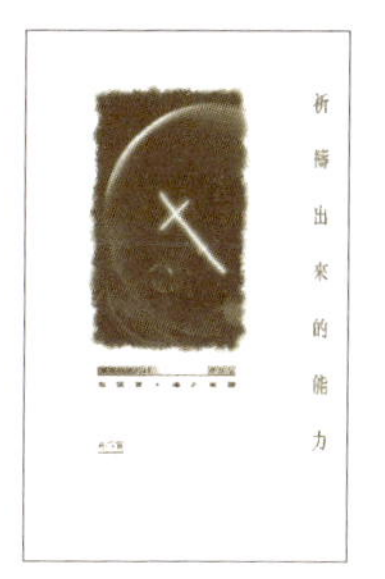

這是一本學習祈禱者必讀的經典書：原來神的大能透過禱告——在軟弱的人身上顯明出來。滕近輝描述自己在翻譯這本書時，經歷被聖靈充滿；這本書亦深化了他的禱告生活。我也重複再讀這本珍貴的書籍。（E.M. Bounds. *Power Through Prayer*. Eastford, CN: Martino Fine Books, 2014.; 邦茲著、滕近輝譯：《祈禱出來的能力》。香港：宣道出版社，2000。）

第二程：尋路，少年的迷與尋（1964-1971）

我多年來都十分欣賞 "Youth With A Mission" 這個動員青年信徒進入福音未得之民中間的使命機構。

本書作者是 Y.W.A.M. 的創辦者，他在書中表示他是個祈禱的人。在禱告中他不斷發問：「真是祢嗎，聖靈？」這本書有助我在禱告中更加謙卑：要辨別是否「聽見」聖靈的聲音，要在羣體禱告中尋求印證。(Loren Cunningham, Janice Rogers. *Is That Really You, God?: Hearing the Voice of God*. Seattle: YWAM Publishing, 2001.)

每個華人基督徒相信都會聽過戴德生的禱願：「千鎊英金、千條生命，都奉獻給中國。」

這本《帶着愛來中國》（*To China with Love*）記載了他在中國大地上走過的路，期間經歷過被誤會及喪失妻兒的故事，在禱告中創立了「中國內地會」。今天擴展事奉領域，成為「海外基督使團」(Overseas Mission Fellowship, O.M.F.)。

從戴德生的禱告中印證：他對中國的愛是來自天父、基督、與聖靈的！（戴德生著、陸中實譯：《帶着愛來中國》。北京：人民日報出版社，2004。）

我在溫尼辟留學期間，深深被馬丁・路德・金（Martin Luther King）這位基督徒人權領袖的生命感染。他最著名的演說 "I Have a Dream" 啟發了我要做一個從神領受「夢想」的基督門徒。

當年，我在電視熒幕上目睹他被槍擊身亡那一幕。我在禱告中自問「我願意為神賜的『夢想』獻上生命嗎？」今天，我仍在「尋夢」，在禱告中仍在問同樣的問題。（Martin Luther King Jr.. *I Have a Dream*. N.Y.: Scholastic Paperback Nonfiction, 2007.）

我在溫尼辟的七年，改寫了我的人生目標 —— Living For Jesus，我學會羣體禱告出來的能力。

這本書集合了多位「溫尼辟人」（Winnipegers）走過貫穿溫尼辟的紅河（Red River）的腳蹤，也包括了我和 Ellen 的文章。（陳滿堂、詹維明編：《雁過紅河：記神陶造的歲月》。香港：濛一設計坊，2014。）

我特地節錄了我為《雁過紅河》寫的序：那些年——燃夢的「大時代」

我是 1964 至 1971 年在溫城唸大學，還記得當時親身感受到「大時代」的氣息——六十和七十年代果然是「最好的年代」和「最壞的年代」(《雙城記》狄更斯)。我且稱那些年為燃夢的「大時代」——回顧當年；美夢與噩夢同時在全球各地燃點起來。

加拿大——重建身分的夢

我從英國殖民地香港跨越海洋到加拿大進修，沒想到正逢加拿大捨棄英國聯邦的「米字旗」，自創了紅白「楓葉旗」及 *O Canada* 的新國歌；更掀起了一陣 Trudeaumania 熱潮——新總理杜魯多成為青年人的新偶像。

加拿大有本地的原居民，政治和經濟力量都不大。最強勢的反而是來自英國和法國的移民，但這真是一個多元文化的國家：西歐、東歐、蘇聯、香港、台灣、東南亞、中東……在這個包容力強的廣闊大地上和平共處。

在六十年代，加拿大向全球宣告一個新的身分，不少人亦開始建立「加拿大」國民的身分。

當年加拿大的華人身分依然模糊：在溫城的大學團契是以英語為主要語文——匯聚了香港華人、台灣華人、新加坡華人、馬來西亞華人、印尼華人、移民加拿大的華人、加拿大土生土長的華人……

我們都在問：什麼是中國人？什麼是香港人？什麼是加拿大人？什麼是天國子民？……

美國——改寫明天的夢

在那些年間，美國充滿了觸動人心的夢、燃點不少青年人的心。

美國是世界經濟政治、科技的大國，不少人被「美國夢」吸引到這充滿活力的強國。Martin Luther King 的 I Have a Dream 震盪人心，是種族和平共存、共創新世界的美夢。J. F. Kennedy 挑戰美國青年人：「不要問國家能為你做什麼，要自問能夠為國家貢獻什麼？」他就任總統時十分年輕，許下了登陸月球的大夢。

Martin Luther King 和 J. F. Kennedy 相繼被槍殺，J.F.K. 的弟弟挺身競選總統，我沒有忘記他的豪言：「有人看見今天的局勢，只會問『為何如此！』我卻看見不一樣的明天，大膽提問：『為什麼不可能！』」最終他也是死在另一暗殺兇徒的槍下！

身為年輕人，面對這些為夢付出生命的人，怎能無動於衷；只會反問：我的心底夢是什麼？

中國——文化「革新」的夢

從 1967 至 1976 年，中國大陸紅色一片；到處是手帶《毛語錄》的「紅衛兵」——「文化大革命」全國燃燒！

身在加拿大，只知道連香港也有暴動，國內的消息被封鎖，不知內裏真相，只為歷代文化遺產受到破壞而痛心，國內的教會被關閉，全球未知真正局勢。直至「四人幫」被捕，「文化大革命」告終；鄧小平復出，宣佈中國逐步對外開放，從新與世界接軌。

當時在大學團契自發地開始了為中國祈禱的小組；雖然文化「革新」成為一場噩夢，我們的心中卻默然地燃點了另一個「中國更新」的美夢！

以色列——建「新耶路撒冷」的夢

1967 年，中東爆發震驚全世界的「六日戰爭」(Six Day War)。以色列四周的中東列國結盟，要一舉將以色列「趕入地中海」。「獨眼將軍」達仁在六天之內火速全面勝利，並且攻進耶路撒冷，在「哭牆」(Wailing Wall) 宣告以色列勝利，要建立「新耶路撒冷」。

我班上不少猶太裔的同學，全力支持以色列，為「六日戰爭」的勝利歡慶。在大學團契中，我們只是不住的禱告。我們身處在主耶穌基督已經來臨的「末世」，只知主耶穌再來的日子更加逼近了！我們學習等候主再來的日子，更加儆醒、更醒覺要裝備自己，迎向這個不知何時來臨的「大而可畏的日子」！

北美——華人學生的宣教夢

那些年間，在北美各城市的大學都興起「華人基督徒團契」(Chinese Christian Fellowship, C.C.F.)，溫城的 W.C.C.F. 是其中之一。

那一代的華人留學生基督徒羣體中，深受一羣從中國內地移居到香港、台灣、和北美的傳道人影響：滕近輝、王永信、王峙、周主培、趙君影、焦源濂、David Adeney、Stephen Knight、吳勇……各位忠心的神僕不忘神州中經歷神的恩情，更是洋溢着胸懷普世的宣教情。

他們不單在各地的 C.C.F. 和華人教會中證道，更在那些年間興起的「冬令會」中燃點宣教的火：當年的「福音旅程」(Gospel Trips)、「福音詩歌團」(Gospel Chorale) 都是華人學生信徒組成踏遍北美各城市，傳揚基督福音。

溫城 C.C.F. 更出版了期刊《泉源》，將北美的華人基督徒大學生結連起來：分享留學心聲、述說神的恩典，亦是燃點了「華人學生宣教夢」——從校園到城市，從北美到亞洲；開始學習順從基督的大使命，直到地極，成為基督的見證！

回顧六十年代至七十年代那些年，果然是個「燃夢的大時代」；再看今天這些人（當年的溫尼辟人），倘若心中夢尚未熄滅，一定是當年神所賜的夢，在聖靈的吹動中，今天仍在世界各地燃燒！

"Be Thou My Vision"
（Dallan Forg aill, translate by Mary E. Byrne）

Be Thou my Vision, O Lord of my heart;
Naught be all else to me, save that Thou art;
Thou my best Thought, by day or by night,
Waking or sleeping, Thy presence my light.

Be Thou my Wisdom, and Thou my true Word;
I ever with Thee and Thou with me, Lord;
Thou my great Father, I Thy true son;
Thou in me dwelling, and I with Thee one.

Be Thou my battle Shield, Sword for the fight;
Be Thou my Dignity, Thou my Delight;
Thou my soul's Shelter, Thou my high Tow'r:
Raise Thou me heav'nward, O Pow'r of my pow'r.

Riches I heed not, nor man's empty praise,
Thou mine Inheritance, now and always:
Thou and Thou only, first in my heart,
High King of Heaven, my Treasure Thou art.

High King of Heaven, my victory won,
May I reach Heaven's joys, O bright Heav'n's Sun!
Heart of my own heart, whatever befall,
Still be my Vision, O Ruler of all.

第三程：回家，青年尋夢的探索（1971-1976）

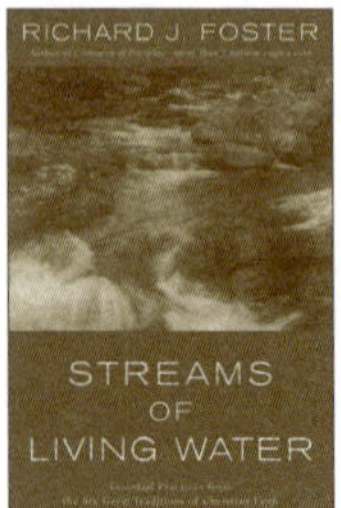

Richard Foster 細心研究不同宗派在神學、牧養、使命重點、屬靈操練，及社會關懷各方面的立場，並且客觀地評估各方面強處或弱點。

他認為各宗派都有值得借鏡之處，亦各有欠缺的地方。值得每位信徒持開放的態度讓自己的信仰及生命操練紮根更深。（Richard J. Foster. *Streams of Living Water: Celebrating the Great Traditions of Christian Faith*. N.Y.: HarperOne, 2001.）

這本書是蘇恩佩姊妹引進、並邀請學者翻譯，我細閱過程中，發現自己的「屬靈操練」有不少「盲點」：對禁食、安靜、禱告等領域反思後，學習操練。值得每位願意學習如何親近神的主內肢體細讀。（Richard J. Foster. *Celebration of Discipline: The Path to Spiritual Growth*. San Francisco: HarperSanFrancisco, 2002.）

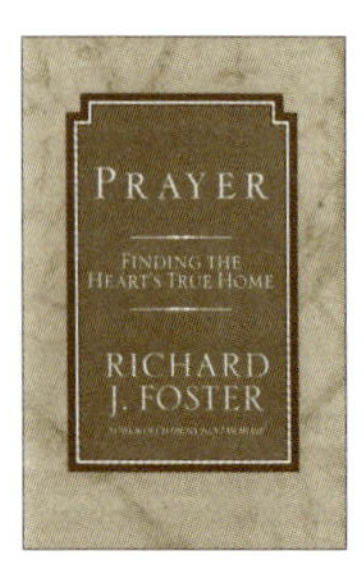

Richard Foster 這本書深入探索「禱告」的《聖經》基礎，及再檢視信徒的禱告生活和操練。我最深刻的領悟是：禱告最關鍵的學習是「聆聽」。

我要再學習如何「聆聽」聖靈，並且以「虛心」聆聽神藉着《聖經》對我説話。（Richard J. Foster. *Prayer: Finding the Heart's True Home*. San Francisco: HarperSanFrancisco, 2003.）

作者是一位基督徒教育家和教育革新的先行者，在書中他細述自己深刻的反省，再思每個信徒都是被神揀選及呼召的人。最重要還是用心檢視自己的生命：自己的長處及短處，才幹和恩賜，自己的真情（Passion）與負擔——再從中確認自己的「召命」（Vocation）：神創造我們，並賜與我們不同恩賜：在家庭、職場、及社會中活出神賜的「召命」。（Parker J. Palmer. *Let Your Life Speak: Listening for the Voice of Vocation*. C.A.: Jossey-Bass, 1999.）

Marva Dawn 以《聖經》為基礎，加上她敏銳的洞察力，指引信徒在「安息」中，確認神的呼召：如何服事神、教會、及世人。

她深信不單是神職人員才需要確認自己被神呼召的，每個信徒都要確認自己是被神呼召的人，活出合神心意的生命和召命。（Marva J. Dawn. *The Sense of the Call: A Sabbath Way of Life for Those Who Serve God, the Church, and the World*. Grand Rapids, MI: Eerdmans, 2006.）

我以青年工作者的身分為青少年寫下這本《敢夢想飛——Young life 召命導航手冊》。

主軸是如何聆聽自己「內裏的聲音」、如何辨別從神來的聲音、如何確認自己的心底「夢想」，再裝備自己回應這世界和世人不同的需要。全書有很多邀請讀者在安靜中深思的習作。（蔡元雲：《敢夢想飛——Young life 召命導航手冊》。香港：突破出版社，2011。）

這是 Parker Palmer 眾多著作中其中一本最觸動我心的書。書中不少發人深省的經文、故事、及作者的深思。

"To be fully alive is to contemplate; to be fully alive is to act." 要活出神賜的豐盛生命：「靜思」與「行動」—— 缺一不可！（Parker J. Palmer. *The Active Life: Wisdom for Work, Creativity, and Caring*. San Francisco: HarperSanFrancisco, 1991.）

Henri Nouwen 到 St. Petersburg 的博物館，面向這幅 Rembrandt 最出名的油畫：「浪子回頭」，長時間深思。我亦曾與 Ellen 到同一博物館，在這幅名畫前靜思。

我發現自己內裏也有一個「浪子」，需要重回天父的懷抱，在神的愛中重拾自己尊貴的身分，及從迷路中回轉，活出「真兒子」的生命與召命。（Henri J. M. Nouwen. *The Return of the Prodigal Son: A Story of Homecoming*. N.Y.: Image Books, 1994.）

第四程：不歸路，考驗的掙扎（1976-1982）

蘇恩佩姊妹十分喜愛的書，她當年與「突破」同工分享這本書。她最喜愛的是潘霍華以生命演繹了主耶穌對門徒的邀請："When Jesus calls a man, He bids him to come and die"（太 16：24）。

潘霍華最終在納粹的集中營中殉道；他向我們宣告：「神的恩典」、不是「廉價的恩典」(Cheap Grace)!（Dietrich Bonhoeffer. *The Cost of Discipleship*. N.Y.: Touchstone, 1995.）

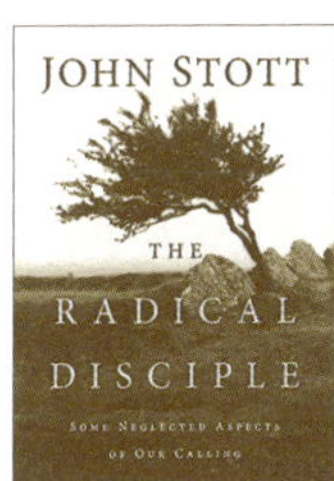

我尊敬的恩師，安息主懷前給我寄來一本他最後的遺作：*The Radical Disciple*，他曾歎息，有些信徒是 "Growth without depth "（成長中欠缺深度）。

他在本書中以《聖經》的話教導我們，怎樣才算是徹底的跟隨基督，作他的門徒。他按照《聖經》的啟示，深入地向我們闡釋如何活出「基督門徒」的生命和使命。（John Stott. *The Radical Disciple: Some Neglected Aspects of Our Calling*. Downers Grove, IL: InterVarsityPress, 2010.）

我憑信踏上「不歸路」，決定離開醫生專業，進神學院裝備自己，履行「青少年工作者」的召命。因此，我和父親的關係割裂，我的心也像刀割一般。是神的恩典，最終在十字架前，我與信主的父親再「相遇」，全是恩典！

書中我也按《聖經》引導，分享如何親近天父。（蔡元雲：《從未遇上的父親》。香港：突破出版社，2003。）

有一天恩佩帶着微笑對我説：我剛寫完一本書。我感受到她的喜悦，問道：「書名是什麼？」她說：「暫時只有英文書名：*Death be not proud*，是我喜愛的一首詩。」

這書主題是「死亡，別狂傲」；恩佩在基督裏經歷什麼是豐盛生命——身患癌症和面對死亡、沒有懼怕。（蘇恩佩：《死亡，別狂傲》（復刻本）。香港：突破出版社，2008。）

這是恩佩留下來的文集：《黑夜歌唱》。她在地上不長的人生路途中，基督伴着她經過一些「黑夜」，她從心底深處「唱歌」：述説神在黑夜中的恩典。

恩佩的墓碑上刻着她自選的經文：「我的恩典夠你用的，因為我的能力是在人的軟弱上顯得完全」（林後12：9）。（蘇恩佩：《黑夜歌唱：蘇恩佩的心靈世界》。香港：突破出版社，1996。）

這是我在神學院進修神學與輔導年間遇上的恩師：Dr. Gary Collins。他開啟我的視野，將心理學與輔導學的理論和實踐建基於《聖經》神學。這種「整合」（Integration）的思維影響了我學習的旅程及如何回應青少年成長歷程中的不同需要。（Gary R. Collins. *Psychology & Theology: Prospects for Integration*. Nashville: Abingdon, 1981.）

第五程：尋根，遇上中年危機（1982-1997）

人到中年，我曾自問，也問神：「到了這個年紀，還適合做青少年工作者嗎？」

我從《聖經》中找到神的回應：從舊約到新約，不少《聖經》人物都是跨代同行，生命影響生命——兩代彼此祝福！這本書將《聖經》中的跨代同行故事寫下來。我領悟到身為青少年工作者，不能單靠專業知識和技巧；最重要的是以真實的生命影響青少年的生命，在神的愛中同行。（蔡元雲：《生命影響生命》。香港：突破出版社，2001。）

這是一本感恩的書：神賜給我多位「恩師」（生命導師，Mentor）。有好幾位是他們先啟動一段漫長的師友同行路的。後期，我才鼓起勇氣，主動尋找生命導師，為我生命中欠缺成熟的地方提供愛心的培育。

我將各位恩師觸動我生命的經歷寫下來，再將所學習的總結為十個主題（「十堂課」）；並且從《聖經》尋找這些不同向度成長的真理根基。（蔡元雲：《與恩師的 10 堂課——我的路》。香港：突破出版社，2010。）

作者在中年時經歷重大考驗，在禱告和深思中發現人生下半場的主題："From success to significance"。這本書對我的人生下半場有啟發：什麼是 "Significance"？

我認定仍是 "Living for Jesus" 及活出「召命」——我仍是一個學效基督的「青少年工作者」。（Bob P. Buford. *Halftime: Moving from Success to Significance*. Grand Rapids, MI: Zondervan, 2015.）

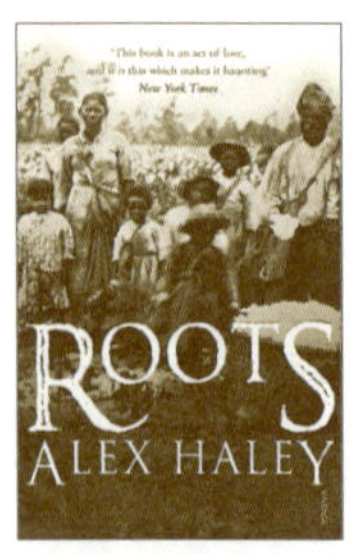

香港的「九七回歸」，引發了移民潮，讓我體驗什麼是「無根的一代」，到處漂流，失去了自己的「根」，忘記了自己的身分。

Alex Haley 這本書述説非洲裔美國人的身分尋索。作者追溯歷史，尋回自己及同胞們在非洲各地的「根」他們在艱苦中活出尊貴的生命。他醒覺「民族的根」不容忘記！（Alex Haley. *Roots: The Saga of an American Family*. Boston, MA: Da Capo Press, 2016.）

「尋根中國」是追尋自己民族身分，認同民族的光彩和苦難；我到今天仍未有足夠「功力」去撰寫一本《尋根中國》。

我從三歲便隨父母「逃難」到香港，這成為我一生成長之地，我也愛上這個城市，同時不敢忽視在這裏不少幽暗的角落。我在九七回歸期間，寫下了這本《植根香港》，表白了自己和「突破」的心願；與留居香港的青少年與港人認同，尋找如何為這「不知明天如何」的城市，一同貢獻自己的力量！（蔡元雲：《植根香港》。香港：突破出版社，1989。）

我仍然認為最重要的身分源於「紮根永恆」——與創造、救贖和更新生命的三一神結連。

這本書講述一些「紮根永恆」的真實生命故事。我仍然希望新一代的青少年不要忘記自己有一個容易被遺忘的「永恆」身分：是神所創造基督所救贖的「天父兒女」。（蔡元雲：《生命禮讚——紮根永恆》。香港：突破出版社，1993。）

「聖言禱讀」(Lectio Divina) 成為我每天清晨的屬靈操練，其中包括了六個步驟：「安靜、朗讀、默想、靜禱、默觀、入世」。

Eat This Book 這本書為我們提供了這六個步驟的《聖經》基礎，背後的意義及操練的目標：與三一神在結連，在靜中享受神的愛、《聖經》的默示，聖靈的指引及在世上活出與神同行的生命。作者稱這本書為「屬靈閱讀的藝術」。(Eugene H. Peterson. *Eat This Book: A Conversation in the Art of Spiritual Reading*. Grand Rapids: Eerdmans, 2009.)

Eugene Peterson 說他最喜愛的舊約先知是耶利米，因為他最像主耶穌——常經憂患、被人誤解逼迫，常為世人哭泣，在苦難中展示神不離不棄的愛，並且應許在永生的盼望及疲乏中仍有力量，「與馬奔跑」：舊約的先知書給我們珍貴的屬靈操練指引。我亦經常懷疑自己是否有「與馬賽跑」的堅持與能量。(Eugene H. Peterson. *Run with the Horses: The Quest for Life at Its Best*. Downers Grove, IL: IVP Books, 2010.)

Nelson Mandela 一直與「南非」國家裏的非裔人民認同，竭力爭取非裔國民的人權。

在獄中他找到自己永恆的根，改寫了他爭取廢除「種族隔離」的歧視黑人政權的策略——從以暴力對抗轉化為以愛締造和解。最終以愛與和平的途徑取得勝利，更成為「南非」第一位非裔總統。(Nelson Mandela. *Long Walk to Freedom*. Boston: Back Bay Books, 1995.)

我到多倫多的Daybreak領受了盧雲的屬靈導引，進一步學習禱告的功課。

回港後我和同工們每週一次同心默想主的話，我並寫下每天的靈修指引，後來結集成小書《繁忙人的屬靈操練》。我與同工們經歷了集體屬靈操練與個人靈修的結合——在忙亂的城市中與三一神結連同行。(蔡元雲：《繁忙人的屬靈操練》。香港：突破出版社，1992。)

第六程：回歸，迷惘中神創路（1997-2008）

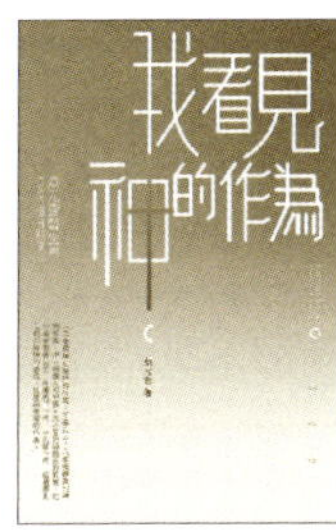

在「突破」服侍青少年四十載，一位弟兄給我勸勉：將這些年日中如何經歷與神及同工同行，回應青少年「生命與文化更新」的呼喊。我在安靜中回顧過去四十年事奉的路，充滿感恩。自覺不配，一切都是「神的作為」，聖靈開我眼睛，讓我看見祂奇妙的作為：賜異象、招聚同心的同工和義工，供應所需的資源。並且藉着聖靈和神的話，得見青少年在基督裏生命更新，並且與羣體同行共創青少年不一樣的文化——是神的恩典與榮耀在人的軟弱中彰顯出來。（蔡元雲：《我看見神的作為——蔡元雲醫生的13680個日與夜》。香港：突破出版社，2016。）

「突破」的一些同工和義工，被差遣到上海，與當地的老師，心理諮詢師、和青少年工作同行；培訓的焦點是生命教育和生涯規劃。

結果是上海的青年工作者將共學的旅程記錄下來，並且合力撰寫了一本《抗逆力：青少年抗逆力培育手冊》，裝備青少年在逆境中共創生命前路。這本手冊是由華東師範大學出版社出版及發行，在國內校園內被採用。（葉斌：《抗逆力：青少年抗逆力培育手冊》。上海：華東師範大學出版社，2011。）

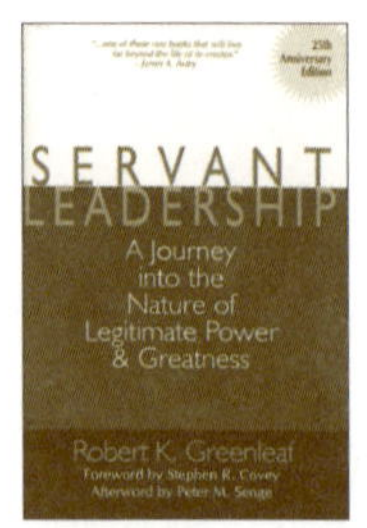

Robert Greenleaf 的「僕人領袖」培育概念和實踐，深深影響了「突破」同工的培育事工。

我們學習與本港、國內、及海外的青少年同行，學習如何在萬變的廿一世紀中成為「僕人領袖」。在多屆的「國際青年領袖訓練營」中，我們都以體驗式和培育形式培育青少年成為有僕人素質的不一樣的領袖。（Robert K. Greenleaf. *Servant Leadership: A Journey into the Nature of Legitimate Power & Greatness*. N.Y.: Paulist Press, 2002.）

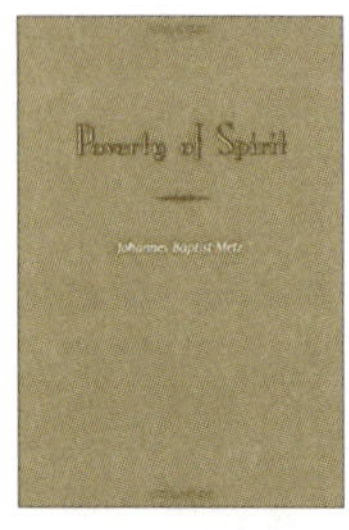

這兩本書的主題緊密地扣在一起：主耶穌教導我們的「八福」——「虛心」是進入神的祝福的起步點。

人的「虛心」是建立在主耶穌的「虛己」:「取了奴僕的形象，成為人的樣式；既有人的樣子，就自己卑微，存心順服，以至於死，且死在十字架上」（腓 2：7-8）。

屬靈操練中，與三一神結連，成為基督門徒：生命更新、承傳神的使命—— 正是「八福」的信息。「虛心」是屬靈操練的起點。一切都是神的恩典。（Johannes Baptist Metz. *Poverty of Spirit*. Mahwah: Paulist Press, 1998.）（Ilia Delio O.S.F. *The Humility of God: A Franciscan Perspective*. Cincinnati, OH: St. Anthony Messenger Press, 2006.）

以下六本書有助我們「辨別」廿一世紀是個怎樣的世代。禱告的「內程」是生命被三一神更新；「外程」是被神差遣進入世界，成為基督的見證，在這「世代」中承傳神的使命，回應這一代的人心底深處的吶喊。

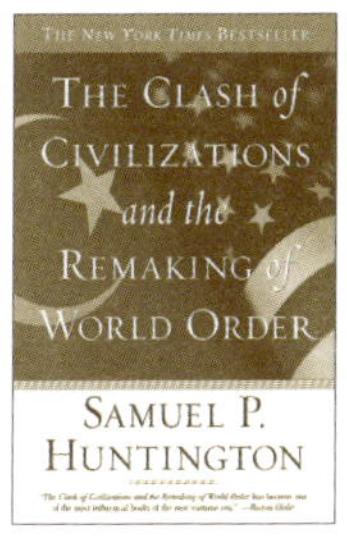

❶「東西冷戰暫停，九大文明衝突」，在這個文明衝突的世界中，我們如何藉着十字架，讓世人「滅掉冤仇」（弗 2：11-18）。

我們在禱告中學習成為基督的「和平使者」；但是先要謙卑向不同文化的人學習，他們文化中光明與幽暗，才能讓人的生命與文化在神的真理和恩典中得到真正的更新。（Samuel P. Huntington. *The Clash of Civilizations and the Remaking of World Order*. N.Y.: Touchstone Books, 1998.）

❷ 本書作者是當今最受尊敬的政治學者之一，他本來相當樂觀，在 *The End of History and the Last Man* 中立論：認為民主政制會建造一個更好的明天。

作者的研究察覺全球最民主的國家都呈現「政治癱瘓」（Political Decay）的僵局。作者的理論框架讓我們更明白不同政制的運作，然而他並未提供政治出路。

禱告中，我們仰望天父：一切「國度、權柄、榮耀」都屬於祂。基督是「萬有之主」將來地上的「君王」都要被主審判（詩 2 篇）。我們不敢寄望地上的政制能解決人類深層的渴求。（Francis Fukuyama. *Political Order and Political Decay: From the Industrial Revolution to the Globalisation of Democracy*. N.Y.: Farrar, Straus and Giroux, 2014.）

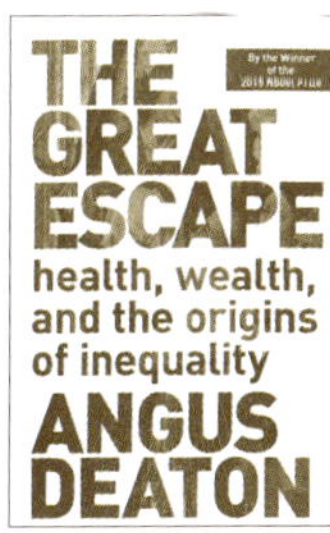

❸ 本書作者是 2015 年諾貝爾經濟學獎的得主：他的研究發現全球呈現「貧富不均」及健康狀況出現嚴重差距的不公平現象。

他認為這種「不平等」的惡果源於全球一體化背後的「政治、經濟」體系出現不公義的結構性問題，未見各強國願意進行改革。

身為青年工作者，不能忽視香港貧富懸殊的現象；這本書有助我們理解及回應貧富不均造成的惡果。（*Angus Deaton. The Great Escape: Health, Wealth, and the Origins of Inequality*. Princeton, N.J.: Princeton University Press, 2013.）

❹ 本書作者是哈佛大學三十二年的教授，他坦誠地指出「哈佛」近年來不斷追求「卓越」，卻忽視了「生命素質」及各專業有操守、有意義——「教育失去了靈魂」。

這本書引發全球多國教育界的共鳴，從新正視「生命教育」及「召命重建」的重要性。我在香港和國內，都與教育界結為夥伴：為重建「有靈魂的卓越」的教育，獻出一點力量。(Harry Lewis. *Excellence Without a Soul: Does Liberal Education Have a Future?* N.Y.: Public Affairs, 2007.)

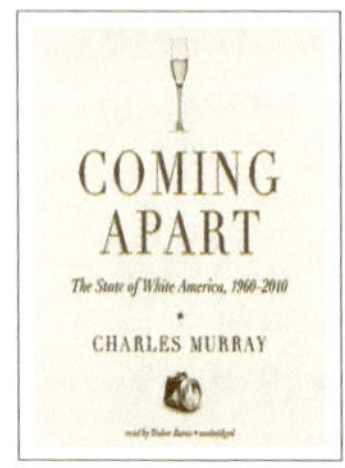

❺ 本書作者是全球知名的社會學家，他搜集美國五十年來的數據，尋找社會「撕裂」(Coming Apart) 的原因。美國社會中出嚴重的政治割裂及種族的歧視。作者認為社會撕裂最重要的根源是因為生命旅程中最重要的四個領域撕裂：

- 家庭 (Family)
- 召命 (Vocation)
- 社羣 (Community)
- 信仰 (Faith)

值得我們深思香港為何「撕裂」，並嘗試回應上述四個領域的撕裂。(Charles Murray. *Coming Apart: The State of White America, 1960-2010*. N.Y.: Crown Forum, 2013.)

❻ 廿一世紀是「數碼年代」，青少年大部分時間都是用「社交媒體」與人結連。

本書作者是鑽研數碼媒體的專家、學者。他發現美國人在社交媒體中十分注重自己的「個人形象」及「公共形象」，因此在運用社交媒體中充滿謊言 (Everybody lies)。作者用「大數據」(Big Data) 進行研究，發現一般人在匿名時才會吐露真言：原來美國在種族歧視、墮胎行為及色情沉溺等領域上與政府公佈的數據及其他學者的「抽樣問卷調查」出來的結果差距很大。

這本書揭露了一些美國社會的「真相」，引起相當大的迴響。香港的研究也值得引用「大數據」，尋找一些被掩蓋的「真相」。(Seth Stephens-Davidowitz. *Everybody Lies: Big Data, New Data, and What the Internet Can Tell Us About Who We Really Are*. N.Y.: Dey Street Books, 2017.)

第七程：擁抱苦難，與主同行十架路（2008-2013）

與青少年同行多年，發現他們在成長、家庭關係、人際關係、教育制度、經歷困境、社會矛盾中經歷不少身、心、社、靈的苦難和創傷。

這本書讓我從《聖經》人物的生命旅程中尋找神如何察驗並醫治青少年的創傷，讓他們在苦難中經歷生命更新。身為青少年工作者，我學習如何與他們同行；在神的恩典中「一個都不能少」！（蔡元雲：《一個都不能少——再思青少年的成長與牧養》。香港：突破出版社，2005。）

我曾經問 John Stott：「你撰寫超過六十本書中，你覺得哪一本是最重要？」他微笑回答：*The Cross of Christ*。

John Stott 從全本《聖經》查考什麼是基督的十架；他知道主耶穌成全救恩是藉着「十字架」；承擔了人的苦難和罪孽，讓我們與神和好，與人和好——成為基督的身體。他形容教會是「十字架的羣體」（Community of the Cross）。

這是一本值得我們深思，如何與十字架的基督結連；再背起「自己的十字架」，讓苦難中人得以與基督同行；並且共建一個「十字架的使命羣體」。（John Stott. *The Cross of Christ*. Downers Grove, Ill.: IVP, 2006.）

C. S. Lewis 是當代最重要的基督徒作家、及神學思想家之一。

他在本書中正面探索「痛苦」這個困擾人心的課題，他從世界處境、生活實例，《聖經》真理中如何一同思考「苦痛」的奧秘。他沒有提供一個簡易的答案，並且看透沒有一個人能逃避苦難的考驗。（C. S. Lewis. *The Problem of Pain*. N.Y.: HarperOne, 2015.）

C. S. Lewis 以文學家和神學家的筆觸為我們深入剖析人際間四種最親密的關係。他認為最高層次的是「友愛」；主耶穌亦曾說人為朋友捨命，是最大的愛。從屬靈操練的角度看：最大的愛是從天父賜下獨生子耶穌為世人的罪捨命在十字架上。

主耶穌曾經稱他的門徒為朋友——我亦學效基督如何成為他人的朋友，為朋友「捨命」。(C.S. Lewis. *The Four Loves*. N.Y.: HarperOne, 2017.)

唐佑之博士是我敬重的牧者和《聖經》學者。

他從《聖經》神學的角度，為我們探索「苦難」的奧秘，有深入的洞見。主耶穌在世上常經憂患，更在十字架上為我們的罪受難，經歷被神離棄的極度苦難。《聖經》亦留下神給我們重要的應許，世上任何的苦難都不能使我們與神的愛隔離，何等奇異的恩典！

《苦難神學》讓我們更深明白這世界的苦難，及認識為我們背負苦難的基督。(唐佑之：《苦難神學》。香港：卓越書樓，1991。)

《聖經》從來沒有逃避對世上苦難的描述。我也曾因為苦難這難題尋求一些聖經神學的闡釋，獲得一些啟迪，我就在這本小書中分享一些我的領悟。(徐錦堯、蔡元雲：《苦，有何難？》。香港：突破出版社，1995。)

第八程：流淚谷，愛中不獨行（2013-2015）

Ellen 離世時，我陷入極度的哀傷，C. S. Lewis 這本書給我帶來安慰；他與親密同行的太太面對死別時，也經歷一段心底深處被撕裂的哀慟。是神的同行讓他走過這個與至親分離的幽谷。

我發現失去配偶的哀慟旅程原來比想像中長，但又同時經歷着基督深深的愛。（C. S. Lewis. *A Grief Observed*. N.Y.: HarperOne, 2015.）

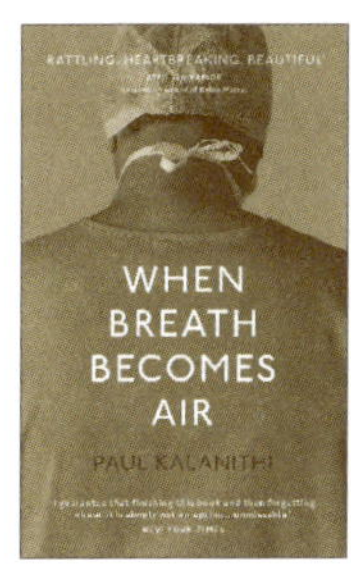

這本全球暢銷書的作者是一位印裔美國籍的腦科手術醫生。當他的前途一片光明之際，將會成為一位出色的醫生和教授——卻同時發現身患癌症。

作者是一位出色的作家，他以柔美感人的文筆描述他的絕望：整個世界都崩潰了，他摯愛的太太與他親密同行，共步人生最後一程。

全書引發讀者深思生命的意義、死亡的殘酷、分離的痛苦。我學習更珍惜每一天及身邊每一人。（Paul Kalanithi. *When Breath Becomes Air*. N.Y.: Random House, 2016.）

這是一本我早期已喜歡的屬靈操練書籍。作者分享她與教會中的肢體學習在安靜中與神結連，並且彼此相愛。對於我這個行動型的人。尋求在安靜中與神深交、是一項挑戰，這本書在多年前開始啟發我學習安靜、安息屬靈操練。（Elizabeth O'Connor. *Search for Silence*. The Potter's House, 2010.）

我常覺得「不住的禱告」是不可能的事。本書作者十分精簡、深入地分享他如何操練「常常禱告」。讓我更深信「不住的禱告」是不可缺少的學習。

全書以《聖經》的教導為根基，值得細讀，及按作者的指引操練「常常禱告」。（法蘭斯．巴克著，劉康齡、蔡岳書譯：《常常禱告》。香港：宣道出版社，2008。）

J. I. Packer 是眾信徒都尊敬的神學家。他的重要著作：*Knowing God* 強調「認識神」不單是思想的認知，更是關係的建立。

我對聖靈一直覺得相當陌生，甚至曾經被勸告：不要追求「靈恩」。這本書有深入的《聖經》神學，讓我們認識聖靈。更重要的是有清楚的指引：如何「活在聖靈中」── 我更明白什麼是「聖靈裏的禱告」，什麼是屬靈的「恩賜」和「能力」。（巴刻著，霍玉蓮譯：《靈命更新系列：活在聖靈中》。香港：宣道出版社，2009。）

Laurence Freeman 是 John Main 的接班人，他在香港也主辦一些「羣體安靜操練營會」，並分享他對屬靈操練的體會及《聖經》基礎。

他向信徒推介：每天早晚，用兩段二十分鐘的時間操練默觀（Meditation）。

本書是「默觀」操練的《聖經》基礎及實踐指引。對我個人祈禱的學習帶來新的亮光。（Laurence Freeman. *The Selfless Self: Meditation and the Opening of the Heart*. Norwich: Hymns Ancient & Modern Ltd., 2009.）

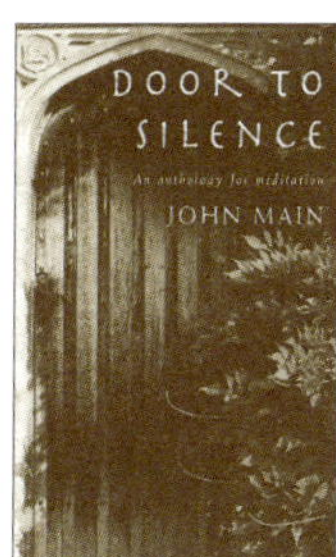

John Main 本是一個在「公共空間」活躍的基督徒。他在靈修中領悟到「安靜」的重要性，他在這方面不斷鑽研、操練，並且帶領信徒羣體同心「安靜的操練」(Mediatation)。在他啟動下，全球各地都出現一些跨宗派的「羣體安靜操練」小組。

我在香港也曾參加，得到幫助。(John Main. *Door to Silence: An Anthology for Meditation*. London: Canterbury Press, 2012.)

「意識省察」(Examen) 成為我每天屬靈操練的一部分。Examen 是聖靈的工作。

這本書的作者從《聖經》真理及真實個案中讓我更深入明白 Examen 的真諦。

我發現 "Search me, O God"；這首以〈詩篇〉第 139 篇為根基的詩歌是「意識省察」最好的演譯——

"Search me, O God, and know my heart today
Try me, O Savior, know my thoughts, I pray;
See if there be some wicked way in me;
Cleanse me from every sin, and set me free.
I praise Thee, Lord, for cleansing me from sin;
Fulfill Thy word and make me pure within;
Fill me with fire, where once I burned with shame;
Grant my desire to magnify Thy name.
Lord, take my life, and make it wholly Thine;
Fill my poor heart with Thy great love divine;
Take all my will, my passion, self and pride;
I now surrender, Lord, in me abide.
O Holy Ghost, revival comes from Thee;
Send a revival, start the work in me;
Thy Word declares Thou wilt supply our need;
For blessings now, O Lord, I humbly plead."

(Timothy M. Gallagher. *The Examen Prayer: Ignatian Wisdom for Our Lives Today*. N.Y.: Crossroad Publishing Company, 2006.)

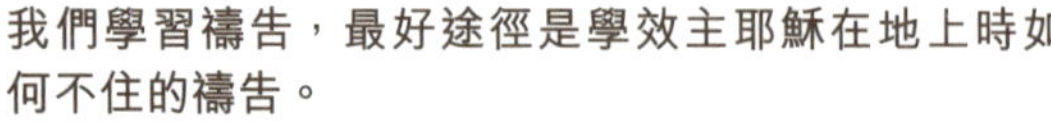

我們學習禱告，最好途徑是學效主耶穌在地上時如何不住的禱告。

Eugene Peterson 鼓勵我們常常細讀福音書，並且藉着經文指引，與主耶穌一同禱告。本書是每天一段經文，附上禱文，有助我們每天操練：學習主耶穌如何禱告，並且與主耶穌一同禱告。(Eugene H. Peterson. *Praying with Jesus: A Year of Daily Prayers and Reflections on the Words and Actions of Jesus*. N.Y.: HarperOne, 1993.)

當 Ellen 離開，我進入憂傷期，曾有主裏肢體勸我：「剛強點，Ellen 已經回到天父懷中了。」我感受到有部分信徒對某些情緒仍有負面的看法。

本書作者是一間大教會的牧者，卻坦率地表白：因為他只着重事工、忽視了人際關係，深信讀經、門徒培訓的活動；但是對於身邊人的情緒、感受相當漠視，引發了太太的不滿，及會眾的離開。

他重新反思自己的信仰，尋求將靈命操練、心靈與人際關係創傷的醫治等重要元素整合到自己的生命及事奉中。他努力將「感情健康」與靈命操練結合：經歷自己生命的更新、家庭關係的深化，及教會牧養事奉的更新。(Peter Scazzero. *Emotionally Healthy Spirituality: It's Impossible to be Spiritually Mature While Remaining Emotionally Immature*. Grand Rapids: Zondervan, 2017.)

第九程：直到地極，靜觀神的作為（2005-2018）

「青少年事工培訓師」（T.Y.M.）的培育是一個生命同行的旅程，也是一個共學的課程。結合了屬靈操練、門徒培育青少年成長、青少年文化及神的使命等內容。目標是共建一個「基督門徒的使命羣體」——承傳神的使命、榮耀三一神。

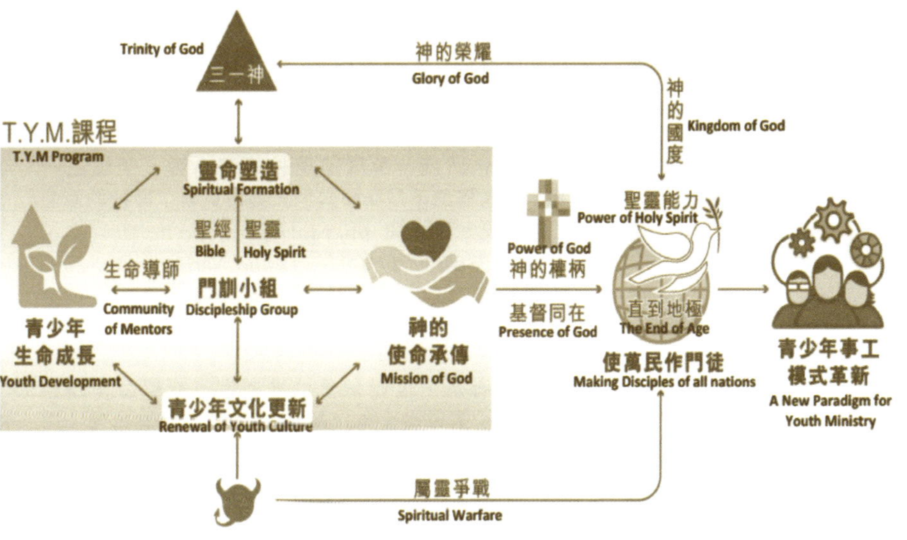

本書作者是一位著名的猶太裔神學家。作者深刻的《聖經》神學闡釋，刷新了我對「安息日」與「安息」的理解。

安息是放下工作的擔子，在寧靜中領受神的愛，享受神的同在和同行，是靜中從三一神經歷生命更新和領受能力的共處。

本書令我重整生活的節奏；作與息、動與靜、事奉與關係的重整。「得救在乎歸回安息、得力在乎平靜安穩」是神的應許。（Abraham Joshua Heschel. *The Sabbath*. N.Y.: Farrar Straus Giroux, 2005.）

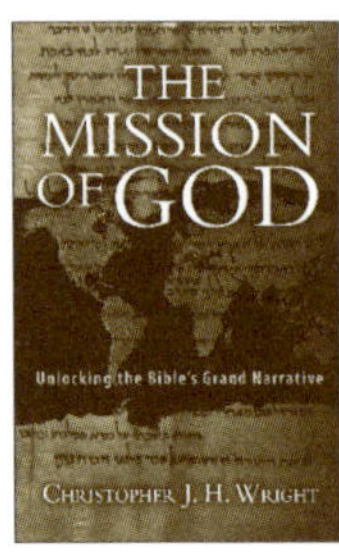

Dr. Christopher Wright 花了長期的《聖經》研究功夫：從〈創世記〉到〈啟示錄〉，全本《聖經》深入地闡釋什麼是「神的使命」：涵蓋了祝福一切受造之物，藉着被揀選的信徒帶來家庭更新、文化更新、管治更新、生命更新。同時被基督差遣進入世界，使萬民作門徒，萬國前尊神的名為聖，榮耀三一神。屬靈操練不是局限於個人靈命更新；與神的使命不能分割。（Christopher J. H. Wright. *The Mission of God: Unlocking the Bible's Grand Narrative*. Downers Grove, IL: IVP Academic, 2006.）

本書作者是一位受敬重的神學家，神學著作超過六十本。本書從全本《聖經》查考什麼是禱告。原來神人的溝通和關係是神主動啟動的：祂的説話，祂的訓誨（每一卷《聖經》），「道」成肉身的基督，住在信徒心中的聖靈，教會的羣體，主耶穌的再來——都與「禱告」緊密結連。我讚歎禱告的學習是如此長闊高深，自覺仍在禱告學習的初階。（Hans Urs von Balthasar. *Prayer*. San Francisco: Ignatius Press, 1986.）

後頁圖表是我嘗試將 *Prayer* 內對《聖經》闡釋禱告的扼要表述。

神是創始成終的啟動者和成全者。神用言語創造天地萬物，並且賜予祝福；神按自己的形象造男造女，並且將自己的靈透過人的鼻孔吹進人體——使人成為「有靈的活人」：神的靈與人的靈是互動相通。

神藉着先知和使徒將祂的啟示轉成文字，《聖經》成為神和人溝通的重要媒介。「聖言禱讀」（Lectio Divina）是人回應神的屬靈操練——是藉着聖靈和《聖經》，人可以默想、禱告回應神的信息。

主耶穌是「道成肉身」，成就救恩，人禱告也是藉着基督為中保。復活的基督不單在天上，也住在我們心中，與我們同在、同行。大祭司主耶穌長久活着為我們禱告，聖靈也以沒有聲音的歎息為我們禱告；禱告仍是三一神啟動的雙向溝通。

在圖表中，我加插了 Lectio Divina（「聖言禱讀」的六步操練）；我相信 Lectio Divina 是一個值得學習的禱告操練。

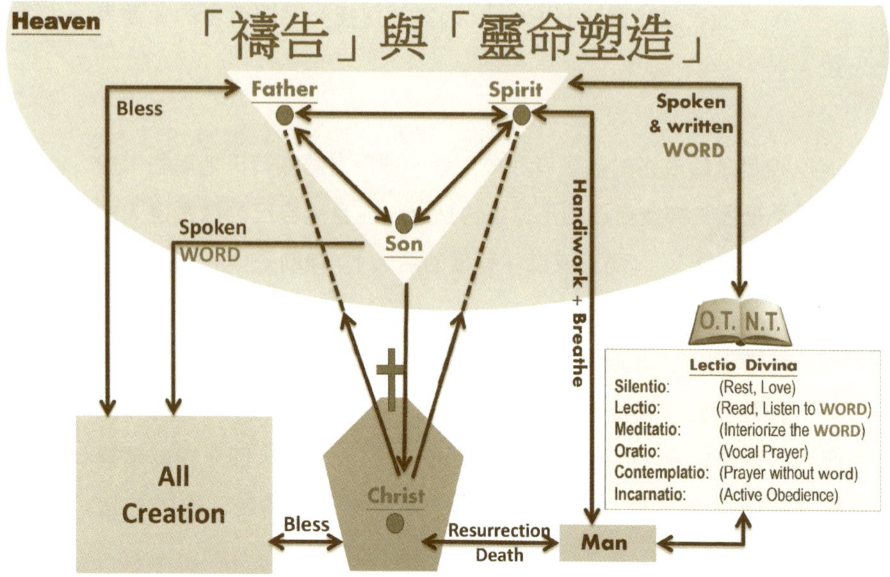

Active Obedience	順服
All Creation	受造之物
Bless	祝福
Breathe	默示
Christ	基督
Contemplatio	默觀
Death	死亡
Earth	地
Father	聖父
Handiwork	工作
Heaven	天家
Incarnated	道成肉身
Incarnatio	化身
Interiorize the Word	內化聖言
Lectio Divina	聖言禱讀
Lectio	誦讀 / 聆聽
Love	愛
Man	人類
Meditatio	默想
N.T.	新約聖經
O.T.	舊約聖經
Prayer without Word	默禱
Read, Listen to Word	閱讀、聆聽聖言
Rest	休息
Resurrection	復活
Silentio	靜默
Son	聖子
Spirit	聖靈
Spoken & Written Word	言説與文字
Spoken Word	言説
Vocal Prayer	祈禱
Vocation and Mission	召命與使命
Word	聖言

Eugene Peterson 這本書並非〈啟示錄〉的釋經書；作者從神啟示「最後的話」(Last Word) 這角度演譯不同的《聖經》主題：基督、教會、敬拜、邪惡、禱告、見證、政治、審判、救贖，天堂等。

得窺神對未來的啟示，讓我們的禱告加添信心和盼望；也更謙卑，因為只有三一神掌管明天。(Eugene H. Peterson. *Reversed Thunder: The Revelation of John & the Praying Imagination*. N.Y.: HarperOne, 1991.)

陳濟民博士在神學院教授〈啟示錄〉，他將多年的教導總結為十堂課，釋經精簡清晰。

我們常為末世的災難擔憂，細讀〈啟示錄〉才發現這卷最末後的經卷充滿「盼望的話語」：教會雖有軟弱，神的恩典蔭庇，在災難中仍有救贖；撒但不斷攻擊世人，最終仍是基督得勝，我們的禱告中常有盼望帶來的喜樂。(陳濟民：《盼望的話語：啟示錄的十堂課》。台北：校園書房，2012。)

Dr. James Houston 近代基督教的靈修學大師：他從教會歷史中探索歷代的屬靈操練經典著作中留下來的寶藏，又撰寫在現今世代如何維持屬靈操練——與三一神親密同行。

本書深入描述信徒在世上是寄居的客旅，在諸多「危險邊緣」的考驗中，如何與基督緊密同行。(James Houston. *Joyful Exiles: Life in Christ on the Dangerous Edge of Things*. London: SPCK Publishing, 2007.)

孫寶玲牧師專門研究使徒約翰撰寫的經卷。他的著作中，有關〈啟示錄〉也有幾本。

本書深入研究經文中難解的地方：並排列不同的演譯，作者也表明他選擇的看法，我與青年人查考〈啟示錄〉時，這本書有助我們從不同角度細讀經文。作者亦講述一些有助我們活出經文的真實故事，很有啟發。（孫寶玲：《啟示錄：萬主之主》。香港：明道社，2007。）

James Martin 是耶穌會的教士，他是一位在大眾傳媒中受尊敬的作家，多本著作都成為暢銷書。

這本書的副題是：「真實生活中的屬靈操練」。全書生動地描繪在日常生活接觸的一切事物，從大自然到繁囂的城市，從職場的挑戰到閒暇的生活，在一切人際關係中，我們都可以看見神的存在和作為。

原來屬靈操練不單是密室裏的禱告，與神同行是與生活每一個環節息息相關。（James Martin. *The Jesuit Guide to (Almost) Everything: A Spirituality for Real Life*. N.Y.: HarperOne, 2012.）

「1+4」培育課程為期三年，之後再有三年跟進工作，期間我們取得寶貴的培訓經驗及一些可見的成效，我們把累積的珍貴經驗整理成書。（蔡元雲、謝文策：《牧養新世代》。香港：突破出版社，2013。）